GRZECH

A efekt?

Jest naprawdę zadziwiający - oto pozytywna egoistka, przyglądając się sobie i studiując swoje wnętrze, powoli staje się znawczynią, kreatorką, władczynią i świadomą użytkowniczką własnego ego.

Zwróć uwagę: władczynią i użytkowniczką, nie niewolnikiem...

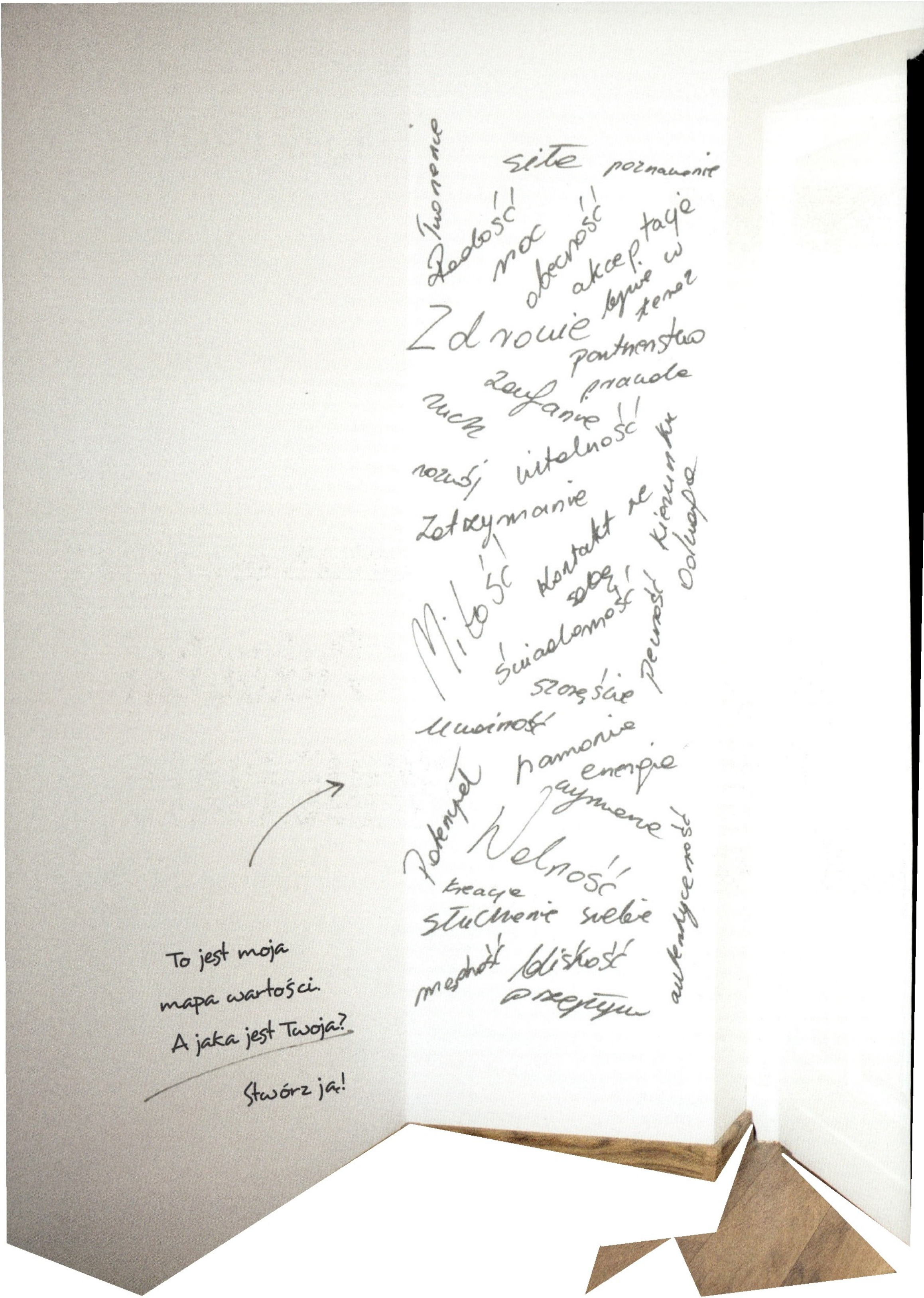

siła
poznawanie
Radość!!
moc
obecność!!
akceptacje
Zdrowie
partnerstwo
zaufanie
prawda
witalność!!
zatrzymanie
Miłość
kontakt ze sobą
świadomość!!
szczęście
pewność
harmonie
energie
Wolność!!
kreacje
słuchanie siebie
bliskość
autentyczność
To jest moja
mapa wartości.
A jaka jest Twoja?
Stwórz ją!

Dagmara SKALSKA

Egoizm to nie grzech!

Pokochaj SWOJE CIAŁO

Filozofia pozytywnego egoizmu zakłada, że jesteśmy całością i jeśli chcemy zrozumieć siebie, dotrzeć do swojego potencjału, a następnie wyrazić go w pełni - dzieląc się z innymi tym, co w nas wartościowe - powinniśmy pracować ze swoim

ciałem

umysłem

i sercem

zadbaj o połączenie tych trzech przestrzeni

02-674 Warszawa, ul. Marynarska 15
Dział handlowy: tel. 22 360 38 42
Sprzedaż wysyłkowa: tel. 22 360 37 77

Redakcja: Elżbieta Wichrowska
Korekta: Janusz Sigismund
Opracowanie graficzne: Marek Klimek/Studio Corner, Dagmara Skalska
Skład i łamanie: Marek Klimek/Studio Corner
Redakcja techniczna: Mariusz Teler
Projekt okładki: Paweł Panczakiewicz/PANCZAKIEWICZ ART.DESIGN
Zdjęcie na okładce: Antonina Dolani
Pozostałe zdjęcia: Antonina Dolani, z wyjątkiem: s. 27, 29, 290 (Katarzyna Kuhn), tła (Shutterstock)
Stylizacje i make-up: Ewelina Skalik-Kazulak
Koncepcja sesji (Concept Story): Dagmara Skalska, Ewelina Skalik-Kazulak, Antonina Dolani
Rysunki: Dagmara Skalska
Filmy z Master Yangiem: Katarzyna Kuhn

ISBN: 978-83-8053-105-5
Druk: PERFEKT, Warszawa

www.burdaksiazki.pl

Dagmara Skalska

Pisarka, blogerka, inspiratorka. W swoich książkach łączy myśl Wschodu z myślą Zachodu. Pisze o rozwoju na poziomie cielesnym, mentalnym, emocjonalny i duchowym. Założycielka Projektu Egoistka, wspierającego kobiety w budowaniu wewnętrznej mocy, miłości własnej i autentyczności. Wspólnie z ukochanym mężem - śp. Tomaszem Skalskim - stworzyli filozofię pozytywnego egoizmu. Prowadzi blog projektegoistka.pl i społeczność na FB skupiającą ponad 85 tysięcy osób. Inspiruje do pokochania siebie, mówiąc: "Miłość do siebie, to miłość na całe życie!". Od 6 lat promuje w mediach pozytywny egoizm. Prowadzi swój cykl "Trening pozytywnej egoistki" w "Pytaniu na śniadanie" w TVP, felietonistka magazynu "Samo Zdrowie". Pasjonatka świadomego oddychania i świadomego życia. Malarka. Ukończyła kursy oddechowe Art of living, posiada drugi stopień Reiki, korzysta z buddyjskich narzędzi pracy z umysłem. Certyfikowany nauczyciel Calligraphy Health System. Ze swoimi kampaniami "Egoizm to nie grzech!" dotarła do przeszło 300 tysięcy Polek, bezpośrednio spotkała się z ponad 10 tysiącami kobiet w ramach warsztatów i spotkań.

Spis treści

Przedmowa – Przychodzi baba do lekarza, czyli dlaczego holistyczne spojrzenie daje nam przewagę 10

Jeżeli Skalska, to musi być holistycznie! 15

O tym, jak musiałam pokonać ponad piętnaście tysięcy kilometrów po to, by wrócić do domu 16

Część I. Szczęśliwe komórki – tajemnica długowieczności 30

Twoje ciało to twój przyjaciel 34

Zmiana zaczyna się od zatrzymania 35

Zdrowie – misja twoich komórek 37

Panta rhei – zasada życia 39

Dlaczego tracimy kontakt z ciałem? 42

Twoje komórki są nieszczęśliwe 46

Twoje komórki są szczęśliwe 60

Wskazówki wspomagające świadome oddychanie 74

Zestaw dobrych praktyk dla twojego układu mięśniowo-szkieletowego...74

Istota pozytywnego nastawienia 82

Część II. Program pozytywnej zmiany.......................... 92

Krok 1. Zmiana odżywiania zaczyna się od zmiany nastawienia 96

Krok 2. Większa świadomość, lepsze produkty 106

Krok 3. Idziemy na zakupy 148

Krok 4. Oczyść swój organizm – siedmiodniowy detoks pozytywnej egoistki 158

Krok 5. Codziennie buduj dobre nawyki, czyli wspierające rytuały i przepisy pozytywnej egoistki..... 188

Poranek pozytywnej egoistki 190
Nakarm swoje komórki – lekkie i witalne śniadania pozytywnej egoistki 200
Dzień pozytywnej egoistki 214
Pożywne i zdrowe obiady pozytywnej egoistki 228
Wieczór pozytywnej egoistki 251
Lekkie, zdrowe desery i kolacje 262

Część III. Serwisowanie narządów wewnętrznych – Calligraphy Health System 280

Przychodzi baba do lekarza, czyli dlaczego holistyczne spojrzenie daje nam przewagę

Przychodzi baba do lekarza i mówi: „Panie doktorze, przed okresem nie wytrzymuję z bólu brzucha, a potem męczą mnie bóle głowy, ale ginekolog powiedział, że to się zdarza, i dał mi tabletki przeciwbólowe. Ciągle mam poczucie, że mam kluskę w gardle i dlatego muszę chrząkać i łapać oddech, ale laryngolog mówił, że nic nie widzi, i dał mi syrop. Coraz gorzej widzę i ciągle pieką mnie oczy, ale okulista zapewniał, że to normalne w moim wieku, więc dał mi okulary i krople. Bolą mnie mięśnie i ciągle mam skurcze, więc kupiłam sobie maść i magnez. Po jedzeniu męczy mnie zgaga, raz mam rozwolnienie, raz zaparcie, i coraz mniej rzeczy mogę jeść, ale gastroenterolog wykonał gastroskopię i stwierdził, że nic nie widzi, więc to pewnie psychiczne. Ciągle czuję się zmęczona, zniecierpliwiona, rozdrażniona i sfrustrowana, i mam kłopoty z zasypianiem, więc dostałam tabletki na nerwy. Ale im dłużej to wszystko biorę, tym gorzej mi jest. To co ja, panie doktorze, mam?"

Wyobrażacie sobie minę lekarza obdarzonego taką wiązanką symptomów? Prawdopodobnie nie zauważyłby w nich żadnego związku i „baba" wyszłaby z jeszcze większą torbą leków na wszystko z osobna. A przyczyna dalej by sobie leżała odłogiem... Znacie to? Ja tak, takich pacjentów widzę bardzo często. Dzięki spojrzeniu holistycznemu, które zawdzięczam chińskiej medycynie, wiem, że różne symptomy mogą mieć wspólne źródło, ale i że każdy symptom z osobna może mieć wiele przyczyn.

Weźmy na przykład ból głowy w okolicy czoła: może on wskazywać na zastój w przewodzie pokarmowym. Migreny i ból w skroniach wskazuje na wątrobę i woreczek żółciowy, w szczycie głowy informuje nas o kłopotach z nerkami, a na potylicy sygnalizuje najczęściej napięcie i stres albo pracę w niewłaściwej pozycji. Czy leczylibyście tym samym lekiem złą pozycję przy pracy, nerki i wątrobę? Dlatego w systemach holistycznych zawsze szukany jest najpierw łańcuch przyczynowy, a metody terapii dobierane są indywidualnie, wedle potrzeb i możliwości pacjenta. Zatem odpowiadam, co dostałaby ode mnie wspomniana na początku baba:

Najpierw moją uważność i empatię, bo ciało nigdy nie kłamie. Nawet jeśli nie wiemy dlaczego, ma swój powód, gdy się skarży. Poświęciłabym jej wystarczająco dużo czasu, aby dowiedzieć się o historii jej dolegliwości, o tym, jak żyje, co je, jak pracuje, jaką ma sytuację rodzinną. Używając diagnostyki tradycyjnej medycyny chińskiej (opierającej się na pytaniach i obserwacji, analizie pulsu, wyglądu języka, ogólnego wyglądu, zapachu itd.), starałabym się, idąc po nitce do kłębka, znaleźć przyczyny problemów. Diagnoza tutaj brzmiałaby: długotrwała stagnacja *Qi*... wątroby! Jak to, ta cała litania dolegliwości przez jeden organ? Ano tak!

Wątroba uwielbia się wyspać i lubi regularny tryb życia. A co my dziś robimy? Lubi również ruch, ale bez przesady. A emocje? Porządny napad złości potrafi rozgrzać wątrobę bardziej niż tydzień jedzenia *chili con carne*, długotrwała zaś frustracja jest jak zamrożony gniew i blokuje nie tylko oddech, ale i krążenie krwi i energii, a wątroba nie lubi głodować.... Ma przecież dużo pracy z ponad czterystoma funkcjami przemiany materii, a my jej jeszcze dokładamy problemów zanieczyszczeniem środowiska i żywności... A rozeźlona wątroba ma swoje wpływy! Przez system meridianowy kontroluje podbrzusze, jelita i żołądek, mięśnie, a także oczy. I nie pozwala nam zasnąć. I tak krąg się zamyka, bo niewyspana wątroba to głodna wątroba...

Każdy z symptomów osobno mógłby należeć do innego podejrzanego, ale ten zestaw śladów poprowadził do prawdziwego sprawcy – lub może – ofiary?
Co robimy wobec tego? Zastanawiamy się wspólnie, jaki zestaw metod najlepiej zastosować. Czy da się zmienić sposób odżywiania, żeby wesprzeć wygłodzone organy? Na pewno zaproponuję receptę ziołową i na jakiś czas preparaty ortomolekularne (minerały, witaminy, substancje bioaktywne). Jeśli pacjentka może przychodzić do mnie regularnie, dodatkowo akupunkturę albo masaż, żeby uruchomić zablokowaną energię i przyśpieszyć leczenie. Również zadania domowe są moją specjalnością, bo na cóż zda się godzina terapii, jeśli na co dzień nic się nie zmieni? Meczę więc moich pacjentów gotowaniem, ćwiczeniami, kąpielami, zmianą trybu życia, no i, co ważne – higieną psychiczną. Mniej lub bardziej dyplomatycznie naprowadzając na tykające bomby w spichlerzu naszych przyzwyczajeń mentalnych.
Tak, wróg otoczony z wielu stron szybciej się poddaje!

Nie moglibyśmy jednak przygotować tej strategii, gdyby nie holistyczne spojrzenie. Dzięki niemu mamy szansę zorientować się w porę, że powstała w ciele nierównowaga. Słowem, możemy na czas podążyć na ratunek! Pamiętaj, na co dzień poddawani jesteśmy wpływom zewnętrznym (klimat, środowisko, pożywienie, praca) i wewnętrznym: wiek, konstytucja (*Jing*, dziś: geny) i umysł (*Shen*). Wszystko to funkcjonuje jak system naczyń połączonych. Zrozumienie tej zależności jest drogowskazem na ścieżce do zdrowia! Książka, którą trzymasz w rękach, pozwala to zrozumieć w sposób lekkostrawny i pełen humoru, który uwielbiam!
Z wielką ciekawością i przyjemnością śledziłam i współredagowałam książkę Dagmary, która z ogromną dojrzałością i odwagą zapuszcza sie w interdyscyplinarne obszary holistycznego odżywiania, trybu życia i myślenia.

Mam nadzieję, że przeczytawszy tę książkę, unikniecie sytuacji baby u lekarza...

Jak ważną rolę już w czasach antycznych przypisywano dietetyce i zdrowemu trybowi życia, pokazuje stare chińskie powiedzenie: *Najlepszy lekarz leczy pożywieniem, mniej zdolny ziołami, dopiero potem przychodzi akupunkturzysta. Ale Mistrz leczy samym umysłem.*

Co ciekawe, podobne wypowiedzi przypisuje się greckiemu ojcu medycyny europejskiej, Hipokratesowi, między innymi: *Uczyńcie pożywienie waszym lekiem, a nie będziecie potrzebować medycyny...*

Inspirującej lektury!
Katarzyna Kuhn
Szwajcaria 2016

Jeżeli Skalska, to musi być HOLISTYCZNIE!

POZYTYWNA EGOISTKA

Dla tych, którzy mnie znają, nie jest to wielkim zaskoczeniem. Filozofia pozytywnego egoizmu zakłada holistyczne spojrzenie na siebie samego (i zauważenie, że jesteśmy całością psychosomatyczną, że na nasze ciało mają wpływ emocje, a na emocje stan umysłu). Od dawna praktykuję świadomy oddech, jogę, medytuję, wgłębiam się w chińską medycynę, filozofię wedanty, czytam chrześcijańskich mistyków, zachodnich naukowców. W tej książce podzielę się z tobą tym, czego dowiedziałam się bezpośrednio od mistrzów i autorytetów w dziedzinie świadomego życia podczas spotkań, kursów, procesów oczyszczania i podróży; a także tym, co usłyszałam pośrednio, co wybrzmiewało z kart inspirujących książek m.in. Paula Pitchforda, Thomasa Colina Campbella, Thih Nhat Hanha, Williama Davisa, Deepaka Chopry, Candace Pert, Jona Kabata-Zinna, Andreasa Moritza i wielu innych fantastycznych badaczy tradycji Wschodu i nauki Zachodu, na których powołuję się w trzeciej książce z cyklu „Egoizm to nie grzech!".

O TYM, JAK MUSIAŁAM POKONAĆ PONAD PIĘTNAŚCIE TYSIĘCY KILOMETRÓW PO TO, BY WRÓCIĆ DO DOMU

Najsłabszy krok w kierunku szczytu wzgórza, w kierunku wschodu słońca i nadziei jest silniejszy niż najpotężniejszy sztorm.

Joseph M. Marshall III

Samolot wznosił się do lotu. Spojrzałam przez niewielkie okno na puszysty, biały dywan, który rozpościerał się poniżej. To naprawdę zaskakujące, że za trzydzieści godzin znajdę się po drugiej stronie kuli ziemskiej – w krainie kangurów. Przypomniałam sobie, jak niespełna dwa miesiące wcześniej wysłałam w przestrzeń życzenie: „Niech na mojej drodze stanie ktoś, kto pomoże mi uzdrowić moje ciało!". Od kilku miesięcy, czyli od kiedy Tomek – mój ukochany mąż – zmarł nagle na raka, szukałam sposobu na to, by uwolnić swoje ciało od skumulowanego w nim stresu. Medytowałam, stosowałam techniki oddechowe, biegałam, odżywiałam się zdrowo i przyjmowałam minerały. Pomimo że stan mojego umysłu i poziom życiowej energii nie wskazywały, bym miała jakikolwiek problem, nie chciałam przeoczyć sygnałów płynących z mojego organizmu, takich jak utrata wagi, pogorszenie stanu skóry czy nieregularna praca układu trawiennego.

Kocham siebie, swoje ciało, a nade wszystko życie, dlatego podjęłam decyzję, że nie ustąpię, nim nie oczyszczę każdej komórki swojego organizmu z toksyn. Wiele czytałam na temat skutków przewlekłego stresu. Kilka miesięcy koegzystowałam ze śmiercią, która, nieproszona, zamieszkała ze mną i Tomkiem pod jednym dachem. Gdy tylko stan zdrowia mojego męża pogarszał się, zdawała się machać do nas zza drzwi sypialni, zza okna kuchni, zza łóżka szpitalnego – w zależności od tego, gdzie akurat się znajdowaliśmy. Sześć miesięcy po odkryciu u Tomka guza, nieproszony gość wyjechał z naszego domu, zabierając ze sobą mojego męża w nową nieznaną podróż. Po ośmiu latach cudownego małżeństwa i wspólnej wędrówki życie nagle zdecydowało, że nadszedł czas, bym rozpoczęła inny etap. Pamiętam dokładnie, że pierwszym słowem, które zapisałam, kreśląc nową mapę rzeczywistości, było słowo: „zdrowie". Po tym, czego doświadczyłam, miałam silną motywację, by odkryć tajemnicę długowieczności i witalności.

Niespodziewanie rzeczywistość podsunęła mi szansę w postaci zaproszenia od niezwykłego Chińczyka. Master Yang postanowił, że powinnam skończyć kurs Calligraphy Health System w jego domu w Australii, uzyskując tym samym tytuł nauczyciela jego systemu. Czułam się zaszczycona tą propozycją i absolutnie pewna, że oto na mojej drodze stanął ktoś, kto pomoże mi w procesie uzdrawiania. Intuicja podpowiadała mi, że będzie to podróż życia. Nie pomyliła się. Po rocznym poszukiwaniu nowej ścieżki, **wróciłam do siebie,** czyli do domu. Teraz, za pośrednictwem tej książki, poprowadzę tam ciebie!

Zobacz moją relację z Australii

Po rocznym poszukiwaniu nowej ścieżki,

wróciłam do siebie, czyli do domu.

Teraz, za pośrednictwem tej książki, poprowadzę tam ciebie!

razem raźniej!

Inspiracją dla trzeciej pozycji z cyklu "Egoizm to nie grzech!" były setki listów, które dostałam od czytelników: "Dagmara, od czego zacząć?". Podążając za myślą George'a Sheehana, że pierwszy krok umysłu ku świadomości musi prowadzić przez ciało, odpowiadałam: "Od ciała! Przeprowadź detoks ciała, umysłu i… życia! Twoje ciało jest twoim pierwszym i najważniejszym sprzymierzeńcem. Aby budować wewnętrzną siłę, niezbędne jest utrzymywanie energii i witalności na optymalnym dla ciebie poziomie. Podstawą dobrego samopoczucia jest harmonijny kontakt z własnym ciałem. Wypracuj codzienne rytuały, które pozwolą ci zgromadzić energię do realizacji kolejnych wyzwań i celów. Oczyść swoje ciało i umysł z toksyn, emocji i napięć, a uwolnisz swoją życiową energię". Aż któregoś pięknego przedpołudnia, gdy wysyłałam w świat kolejną podobną wiadomość, zaświtała mi genialna (jak sądzę) myśl: "Oto nadszedł czas, by stworzyć przewodnik, który krok po kroku, godzina po godzinie, dzień po dniu poprowadzi moich czytelników ścieżką pozytywnego egoizmu!". Chcę pomóc im wykształcić nowe dobre nawyki, nauczyć, jak nawiązywać kontakt z własnym ciałem, pokazać, jak oczyścić się z toksyn, nie tylko tych pochodzących z jedzenia, ale także ze stresu! Wszak po trudnych przeżyciach miałam w tym zakresie doświadczenie (przez ostatni rok wypróbowałam wiele metod uzdrowienia i oczyszczenia swojego organizmu). Włożyłam mnóstwo uwagi i cierpliwości w to, by odbudować swój organizm i przywrócić mu blask.

Agnieszka Sasin
Magda Książek
Gosia Nestorowicz

Moje
czytelniczki
- pozytywne
egoistki.

Świadome
siebie.

Silne
wewnętrzną
mocą.

Na kartach tej książki zapraszam cię w moją codzienność.

W świat pozytywnej egoistki - znawczyni siebie.

Przeczytasz tu nie tylko moje słowa, poparte doświadczeniem i uważnymi studiami, również słowa zaprzyjaźnionych ze mną ekspertów, którzy znacznie dłużej niż ja zajmują się tematyką przywracania świeżości i witalności własnemu ciału. Spotkasz się z Master Yangiem, który przy akompaniamencie rwącej australijskiej rzeki nagrał dla ciebie filmy instruktażowe do swojego programu Calligraphy Health System. Przeczytasz cenne uwagi Katarzyny Kuhn – Polki od prawie trzydziestu lat mieszkającej w Szwajcarii, która jest dyplomowaną naturoterapeutką specjalizującą się w tradycyjnej chińskiej i zachodniej medycynie, a także Marcina Wąsika – buddyjskiego nauczyciela. Wszystkim im dziękuję za owocną współpracę i głoszenie dobrej nowiny! Łączy nas przekonanie, że im więcej wokół ludzi świadomych i zdrowych, tym więcej radości i szczęścia.

Zarówno ja, jak i moi przyjaciele, którzy współtworzyli ze mną tę książkę, wierzymy, że gdy przewrócisz jej ostatnią kartę, spojrzysz w lustro i powiesz z radością do swojego ciała: „Kocham cię!".

Dagmara Skalska
maj 2016, Warszawa

Marcin Wąsik

Nauczyciel buddyjski jednej ze szkół buddyzmu tybetańskiego Karma Kagyu. Wspólnie z Marcinem napisaliśmy drugą książkę z serii „Egoizm to nie grzech!", w której uczymy, jak pokochać swój umysł. Marcin podzielił się w niej swoim dwudziestoletnim doświadczeniem pracy z umysłem. W tej pracy stosuje zarówno wschodnie, jak i zachodnie narzędzia m.in: mindfulness, medytację, terapię gestalt. On także pobierał nauki u Master Yanga i obecnie naucza w Polsce Calligraphy Health System.

Terminy warsztatów Calligraphy Health System prowadzonych przez Marcina znajdziesz tutaj: facebook.com/Calligraphy-Health-Polska

Master Zhen Hua Yang

Jego wiedza na temat cyrkulacji energii w ciele, uzdrawiania narządów wewnętrznych, procesów utrzymania homeostazy w organizmie ma korzenie w medycynie chińskiej. W swoich naukach łączy filozofię buddyjską, taoistyczną i konfucjanizm. Od 400 lat, z pokolenia na pokolenie, w jego rodzinie przekazywana jest mądrość i tajemnica długowieczności wojowników. Dlatego jako dziecko Zhen Hua został wysłany do klasztoru Shaolin, w którym poznał swojego mistrza – Hai Deng. Jego nauczyciel (mistrz sztuk walki) rozwinął w sobie zaawansowane umiejętności kontroli przepływu energii w ciele. Jako ciekawostkę powiem, że będąc w Australii, widziałam nagranie wideo, na którym Hai Deng utrzymuje ciężar swojego ciała na jednym palcu ręki opartym na ziemi.

W trakcie pięćdziesięciu lat pracy z ciałem, umysłem i energią Master Yang zdobył cenne umiejętności kontroli przepływu energii Qi w ciele (steruje przepływem krwi, ma wpływ na pracę narządów, zarządza własnym oddechem), a także posiadł tajniki utrzymywania równowagi yin/yang (z wykorzystaniem diety, cyrkulacji energii i ruchu).

Master Yang dwadzieścia lat temu – jako pierwszy z rodziny – postanowił podzielić się tą wiedzą z ludźmi Zachodu i w tym celu stworzył Calligraphy Health System łączący elementy jogi, Qi Gong, Tai Chi, Yang Mian. Wraz z żoną i synem przeprowadził się do Australii, gdzie kształci swoich uczniów. Współpracuje z lekarzami (wykorzystując swoją imponującą wiedzę w zakresie leczenia zaburzeń organizmu, takich jak cukrzyca, nowotwory, zaburzenia hormonalne, niepłodność, zaburzenia wątroby itd.). Wspiera olimpijczyków, zawodników rugby, pływaków, graczy w tenisa, znacząco poprawiając ich osiągnięcia. Opracował programy redukujące poziom stresu, leczące niepłodność, zaburzenia trawienia, zaburzenia hormonalne, leczące nowotwory, migreny – z pomocą swoich uczniów rozwija je na całym świecie. W trakcie mojego pobytu w Australii Master Yang poprosił mnie o to, bym popularyzowała jego myśl w Polsce, ucząc ludzi jego systemu. Czynię to z największą przyjemnością!

siła tkwi w połączeniu umysłu i ciała

Katarzyna Kuhn

Po latach spędzonych na uczelniach: studia w Polsce, a następnie studia historii sztuki Azji i filologii chińskiej na uniwersytecie w Zurychu, wróciła do korzeni, decydując się na Studium Medycyny Chińskiej i Tradycyjnej Medycyny Europejskiej. Od 1993 r. prowadzi własny gabinet, cały czas rozszerzając spektrum metod, z którymi pracuje, zafascynowana ich bogactwem. Cieszy się, że w Szwajcarii – która jako jedyne państwo europejskie zapisała w swojej konstytucji włączenie medycyny naturalnej w oficjalny system medyczny – wymagania w stosunku do jej zawodu (*Naturheilpraktikerin*) są bardzo wysokie, związane ze szkoleniem medycznym, państwowymi egzaminami i corocznym dokształcaniem. Dzięki temu może pełnić odpowiedzialną funkcję odpowiednika lekarza domowego, tyle że pracującego holistycznymi metodami. Codziennie udostępnia drogocenną wiedzę i terapie (akupunkturę, ziołolecznictwo, dietetykę, medycynę ortomolekularną, terapię ruchową, Cantienica, metodę chiropraktyki Dorn–Breussa) szerokiej społeczności – czego i Polsce szczerze życzy. Od 35 lat podąża również ścieżką buddyjską, którą uważa za ogromną skarbnicę wiedzy i metod, pomagającą nie tylko we własnym rozwoju, lecz także w pracy terapeutki i w zrozumieniu naszego coraz bardziej skomplikowanego świata. Od 15 lat trenuje Tai Ji i Chi Qig, a od 3 lat Calligraphy Health System. Prowadzi również kursy i wykłady.

Wolne chwile chętnie spędza w ogrodzie, eksperymentując z uprawą różnych ziół i owoców, albo wędruje po górach, zbierając zioła – lub je fotografując. Nie ma już czasu na malarstwo, ale od ponad 30 lat fotografuje z pasją wszystko, co da się złapać przed soczewkę. A w kuchni powstają coraz to nowe potrawy, nalewki z ziół i owoców, różne przetwory, testowane chętnie na licznej rodzinie i gościach.

Strona Kasi: www.aequilibris.acris.ch

dziękuję, Kasiu

Część I¶

Szczęśliwe komórki – ¶ tajemnica długowieczności¶

„Zdradzę ci tajemnicę długowieczności.
Jest nią nieprzerwany ruch w twoim ciele.
Twoje komórki powinny tańczyć w tańcu radości.
To jest esencja życia!"
– usłyszałam od wojownika Shaolin

Dzień po dniu
konsekwentnie
zamieniałam
automatyczne
reakcje
na uważną
obserwację.

Uff...
odetchnęłam
z ulgą,
jest nadzieja!

TWOJE CIAŁO TO TWÓJ PRZYJACIEL

Pierwszym krokiem do wiedzy jest świadomość własnej niewiedzy.

Lord David Cecil

Pamiętam, że zmiana sposobu mojego funkcjonowania, choć była procesem rozłożonym w czasie, rozpoczęła się w chwili, w której na poważnie potraktowałam informację, że moje ciało jest moim **sprzymierzeńcem**. Pomimo że na co dzień nie szanowałam swojego organizmu: zatruwałam go toksycznym jedzeniem, bombardowałam destrukcyjnymi emocjami i myślami, piłam stanowczo za dużo kawy, nie pozwalałam mu się należycie zregenerować, bo nie dosypiałam i byłam w ciągłym biegu, stwierdziłam (ku mojemu zaskoczeniu!), że wciąż jestem zdrowa. Jak to możliwe? – zachodziłam w głowę w chwilach przebłysku głębszej świadomości, gdy dostrzegałam swój destrukcyjny sposób funkcjonowania. Mój organizm musiał podejmować wiele złożonych procesów regulująco-oczyszczających, by nadal towarzyszyć mi w wędrówce, którą jest życie! O, jakaż byłam mu wdzięczna! Za każdym razem, gdy uświadamiałam sobie ten fakt, czułam się tak, jakbym dostała drugą szansę i gorliwie obiecywałam sobie, że od jutra będę swój organizm wspierać, zamiast mu szkodzić. Gdy tylko nadchodził ten najważniejszy dzień – jutro (jak się okazuje, jutro jest najbardziej pracowitym dniem ludzkości), rozpędzałam się w codziennych działaniach i... niczym biedna mucha złapana w pajęczą sieć wpadałam w stare nawyki. Gdy po raz kolejny podejmowałam heroiczną próbę zmiany, z pomocą przyszła mi uważność. Dzień po dniu konsekwentnie zamieniałam automatyczne reakcje na uważną obserwację. Uff... odetchnęłam z ulgą – jest nadzieja!

Zmiana zaczyna się od ZATRZYMANIA

Dopiero gdy się uspokoisz i zatrzymasz pędzącego konia – czyli swoją nawykową energię – możesz skupić uwagę i dostrzec, w którym życiowym punkcie jesteś. Jeśli tkwisz obecnie w sytuacji, z której nie jesteś zadowolona: nie podoba ci się sposób twojego funkcjonowania, twoja waga, kondycja, poziom energii życiowej, powinnaś przystanąć na chwilę, by odetchnąć i zastanowić się nad konstruktywnym wyjściem. Wiedz bowiem, że powtarzając wciąż te same działania,

Koń galopuje, ile sił. Wygląda na to, że jeźdźcowi bardzo się dokądś spieszy. Widząc to, człowiek stojący przy drodze woła: "Dokąd tak pędzisz?". A jeździec na to: "Nie wiem. Zapytaj konia!".

mądrość zen

otrzymasz identyczne rezultaty. Jak powiedział kiedyś mądrze Swami Rama – tylko dzieci lub głupcy wierzą w to, że sadząc jabłoń, zbiorą gruszki. Nie jesteś już dzieckiem i jestem przekonana, że masz wystarczające zasoby intelektualne, by nie powielać wciąż tych samych błędów i, dla przykładu, liczyć, że schudniesz, objadając się raz w tygodniu chipsami. Wszystko, czego w tej chwili potrzebujesz, aby rozpoznać destrukcyjne nawyki w swoim życiu, to codzienna uważność. To dzięki niej możesz zaobserwować moment, w którym wpadasz w stare koleiny, i powiedzieć „stop". Podjąć decyzję, że dzisiaj (nie jutro!) chcesz zamiast porannej kawy zrobić pięć głębokich przeponowych oddechów. Jeśli będziesz cierpliwa i konsekwentna, stworzysz wspierające nawyki, które już za chwilę wytyczą nowy kurs twojej codzienności. Niech dodatkową zachętą będzie myśl, że (jak wskazują badania) co trzy, cztery miesiące masz całkowicie nową dostawę krwinek. To oznacza, że jeśli oczyścisz swoje ciało, wykorzystując zawarty w tej książce program detoksykacji (dieta, joga, oddychanie, nastawienie), po upływie tego czasu twoja krew wypełni się zdrowymi krwinkami. A pamiętaj, że zdrowa krew to zdrowe ciało!

Zdrowie – MISJA twoich komórek

Towarzyszenie Tomkowi w procesie leczenia było jednym z ważniejszych doświadczeń w moim życiu. Miałam możliwość obserwować, jak wytrwałe próby podejmował jego organizm (oczywiście z udziałem silnej woli Tomka), by przywrócić do sprawności organy po nieudanej operacji. Widziałam, jak na powrót regulował pracę nerek, przywracał krążenie krwi i limfy, pionizował kręgosłup. W tamtym czasie moim głównym celem było jak najmądrzej wesprzeć Tomka (i jego ciało) w procesie uzdrawiania, dlatego starałam się zrozumieć, czym dokładnie jest stan choroby, w którym znajdował się mój Ukochany. Poszukiwałam odpowiedzi na pytania o źródła choroby, o to jak ją leczyć, czytałam statystyki i wyniki badań, chodziliśmy do wielu specjalistów medycyny naturalnej i medycyny konwencjonalnej alopatycznej. Pamiętam, że punktem zwrotnym w poszukiwaniach stały się dla nas słowa Andreasa Moritza – czołowego eksperta w dziedzinie medycyny naturalnej na świecie, który pisze: „rak nie jest szkodliwą chorobą, ale mechanizmem przetrwania, który zaczyna działać wówczas, gdy zawiodą wszystkie inne środki ochronne”[1] – byłam wstrząśnięta tym, co przeczytałam! Wreszcie po lekturze książek, które

Traktowanie naszego ciała, jakby nie było niczym więcej niż tylko połączeniem komórek i cząsteczek, jest tym samym co próba zastosowania "technologii" ze średniowiecza w realiach dnia dzisiejszego.

Andreas Moritz

[1] A. Moritz, *Rak nie jest chorobą*, Ariya, Warszawa 2012, s. 50.

prezentowały nowe spojrzenie na człowieka, odmienne od mechanicznego widzenia naszego organizmu, pojęłam, czym jest stan zdrowia. Jak się później okazało, pokrywało się to dokładnie z tym, czego nauczyłam się od Master Yanga w Australii, a także z informacjami, które uzyskałam od innych specjalistów medycyny naturalnej: **Zdrowie jest stanem równowagi i porządku**. Na czym polega ta wewnętrzna równowaga? Każda komórka wykonuje optymalnie swoje zadanie i w sposób swobodny może komunikować się z innymi komórkami. Posiadasz wewnętrzną galaktykę komórek, które ze sobą współistnieją i porozumiewają się w każdej sekundzie życia. Czy myślałaś kiedykolwiek o swoim organizmie w ten sposób? Proszę, zrób prosty eksperyment. Stań przed lustrem i spójrz na siebie inaczej niż do tej pory. Nie patrz tylko na swoją skórę, twarz i zewnętrzną powłokę, obejrzyj swoje ciało od środka. Pomyśl o swoim sercu, które tłoczy krew niczym najwydajniejsza pompa. A teraz zerknij na klatkę piersiową i płuca – bez chwili spoczynku dostarczają tlen hemoglobinie, która transportuje go do każdej komórki w twoim organizmie. A jelita? Czy zastanawiałaś się kiedyś, że to właśnie dzięki ich pracy ty otrzymujesz odpowiednie składniki odżywcze i energię? Nie ma znaczenia, jak wyglądają twoje nogi, biodra czy nos, doskonałość znajduje się wewnątrz ciebie – dosłownie. Jesteś kompletna już w chwili narodzin – zastanów się, jak inaczej mogłabyś realizować swój potencjał? Masz cenne ludzkie ciało – naucza Lama Ole Nydahl – wykorzystaj to!

Jeśli chcesz być zdrowa, powinnaś zrozumieć, że twoje ciało jest czymś więcej niż połączeniem różnych narządów i części: wątroby, serca, płuc, mózgu, rąk, nóg itd. Jesteś procesem, który rządzi się jednym prawem: przetrwać w zdrowiu – to rodzaj misji zaprogramowanej na poziomie komórkowym.

PANTA RHEI – ZASADA ŻYCIA

Żywe organizmy odróżnia się od bytów nieożywionych, biorąc za kryterium ruch – są ożywione.

Bruce Lipton

„Wszystko płynie" – powiedział Heraklit z Efezu, oddając tym stwierdzeniem zasadę zmienności we Wszechświecie. To samo prawo z powodzeniem możemy odnieść do naszego organizmu, wszak czyż nie jesteśmy częścią Wszechświata? Oczywiście że tak! Od chwili poczęcia zasadą rządzącą naszym wewnętrznym światem jest ruch, czyli zmienność, dojrzewanie, rozwój, wzrost, przemijanie. (Na marginesie: nie inaczej rzecz ma się w świecie zewnętrznym, w którym nic nie chce być stałe, przedmioty ulegają zniszczeniu, nie mówiąc już o zmienności relacji międzyludzkich czy zmienności kursu franka...)

W chwili, w której wewnętrzny ruch ustaje, zatrzymują się jelita, serce przestaje bić, mózg zatrzymuje proces odbierania i nadawania sygnałów, krew przestaje krążyć i dostarczać substancje odżywcze do komórek – umieramy. Mówiąc krótko, do życia potrzebny jest ruch. – Zdradzę ci tajemnicę długowieczności. Jest nią nieprzerwany ruch w twoim ciele – usłyszałam od wojownika Shaolin. – Energia życiowa *Qi* musi krążyć w sposób nieskrępowany w twoim organizmie, musi wprowadzać w wibrację każdą komórkę. Twoje komórki powinny tańczyć w tańcu radości. To jest esencja życia! – Słuchałam jego słów, stojąc na australijskim tarasie i wprawiając w ruch moje kończyny.

Od chwili poczęcia
zasadą rządzącą naszym
wewnętrznym światem
jest **ruch**, czyli...

Medycyna chińska, gdy mówi o życiowej energii, porównuje ją do wody, która przepływa przez nasze ciało. „*Qi* to krew – podkreślał mistrz medycyny chińskiej. – Dobra krew jest kluczem do zdrowia. Ludzie chorują, ponieważ ich krew jest za gęsta. Krwinki są niedotlenione, posklejane i nie potrafią przedostać się przez cienkie naczynia włosowate, by odżywić organy wewnętrzne" – kontynuował, demonstrując oddech brzuszny, który miał nam zapewnić właściwy przepływ krwi.

Zachodnia nauka potwierdza mądrość Wschodu, rozumiejąc kluczową rolę krwi w procesie życia. Wystarczy uświadomić sobie, że ciało ludzkie zawiera około pięciu litrów tej tkanki. Cała krew znajdująca się w naszym organizmie przepływa przez serce co trzy minuty. Aby ją przepompować, potrzeba stu tysięcy uderzeń serca dziennie. Co sekundę nasz organizm produkuje 3–4 miliony nowych krwinek i 11–13 milionów nowych komórek ciała. Codziennie usuwa trzydzieści miliardów obumarłych komórek. Jak widzisz, w twoim ciele dzieje się nieustanny ruch i przepływ.

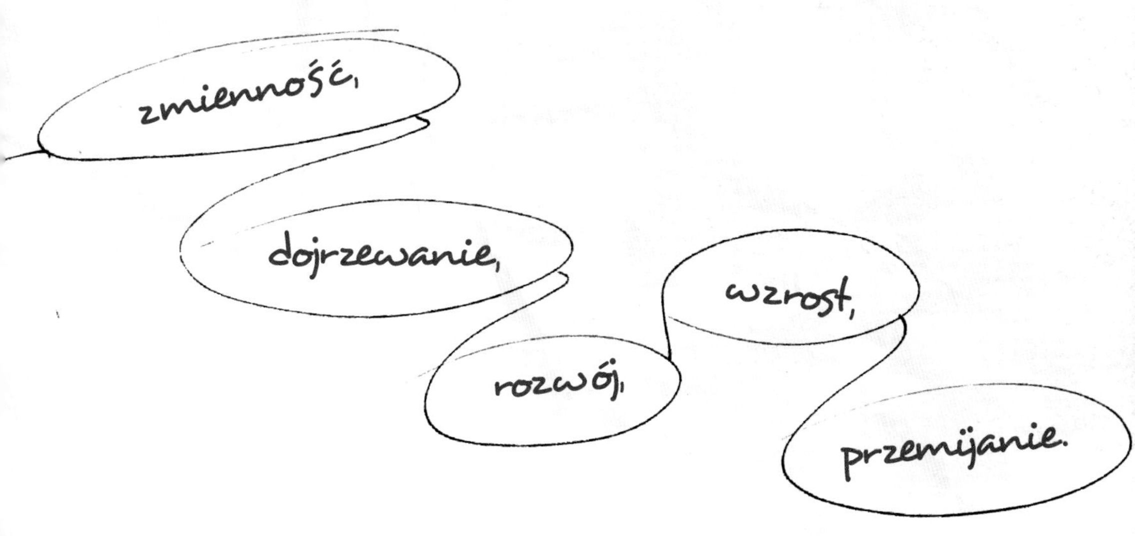

Dlaczego tracimy KONTAKT z ciałem?

Jeśli ty sam (twoja świadoma obecność) nie jesteś już obecny w swoim ciele, cała energia i informacja zostają usunięte z każdej komórki. Określamy to mianem "śmierci fizycznej".

Andreas Moritz

Każde, choćby częściowe wycofanie energii z którejkolwiek partii ciała, narusza jego połączenie z organizmem, powoduje zaburzenie przepływu informacji, a w konsekwencji bałagan i chaos. Powstaje stan nierównowagi, który medycyna nazywa chorobą. Każdy zastój, blokada, zatrzymanie w organizmie, które przejawia się za pośrednictwem bólu w ciele, jest sygnałem alarmowym!

W tej chwili pragnę zwrócić twoją uwagę na to, z jakim uporem codziennie zaburzamy naturalne procesy organizmu, nie poświęcając im dość uwagi (pamiętaj, że za uwagą podąża energia!). Przebywając notorycznie w stanie napięcia i pobudzenia, zaburzamy procesy oddychania – oddychamy płytko, niedbale i pośpiesznie. Czy wiesz, że – jak potwierdzają, badania – gdy pracujemy przy komputerze lub korzystamy z Internetu, automatycznie nasz oddech się spłyca i zamiast oddychać brzuchem, oddychamy szczytem płuc? Jest to oddech stresowy. W ten sposób nieświadomie przez większą część dnia wysyłamy informację do mózgu:

„Zagraża mi niebezpieczeństwo". Codziennie zaburzamy cykl trawienia i wydalania, który jest kluczowy dla detoksykacji organizmu, gdyż jemy szybko, nieregularnie i niezdrowo. Osłabiamy układ odpornościowy przez nadmierne spożywanie używek i brak ruchu, a także wciąż funkcjonując w trybie „walki" lub „obrony".

To tylko wybrane przykłady. Zapewne ty sama jesteś w stanie zauważyć dużo więcej destrukcyjnych nawyków w swoim życiu. Choć brzmi to nieco paradoksalnie – wygląda na to, że dokładamy wszelkich starań, aby się rozchorować. Rzucamy kłody pod nogi naszemu ciału, które (jak już wiesz) ma odmienny cel – przetrwać w zdrowiu. Wiele osób zaprzeczy, może się oburzy, że absolutnie nie ma takiej motywacji! Naprawdę? Zatem podzielę się z tobą obserwacją, którą poczyniłam niedawno, gdy postanowiłyśmy z mamą urządzić sobie wieczór filmowy. Zasiadłyśmy przed telewizorem i uwierz mi: szczerze się zdziwiłam tym, co zobaczyłam na ekranie! Na swoje usprawiedliwienie mogę jedynie powiedzieć, że od sześciu lat nie mam telewizora, więc wyszłam nieco z wprawy w jego oglądaniu. Absurdalność przekazu, która biła z reklam emitowanych w przerwach filmu, poraziła mnie. Już tłumaczę, co mam na myśli. W trakcie piętnastominutowego bloku reklamowego dziewięćdziesiąt procent czasu przeznaczono na reklamy farmaceutyków: „Weź środek X, a bez problemu będziesz mógł znowu jeść tak, jak lubisz" – mówił otyły pan rozparty przy suto zastawionym stole. Nie trzeba doktoryzować się z języka perswazji czy reklamy, by rozwinąć myśl z ekranu: „tak jak lubisz, czyli... tłusto i ciężko". Inny, tym razem kobiecy głos, zachęcał

Pamiętam, jak w trakcie jednego z naszych wieczorków dyskusyjno-czytelniczych (które urządzaliśmy regularnie w celu inspiracji i podtrzymania ognia wewnętrznego do pracy nad uzdrawianiem) Tomek stwierdził:

– Mam ciało kosmity.

– Jak to kosmity – zdziwiłam się?

– Nie da się tego opisać. Czuję swoje organy kompletnie inaczej niż kiedyś, tak jakbym po operacji utracił łączność z własnym ciałem. Czuję, jakby to ciało nie należało do mnie... – odparł.

„Dużo pracujesz, masz ciągłe bóle głowy, migreny nie pozwalają ci sięgać po więcej? Weź tabletkę Y, a ból zniknie". I w tym miejscu domyślamy się: „będziesz mogła pracować jeszcze więcej i jeszcze ciężej". Fantastyczna opcja! Czy tylko mój włos się jeży na głowie na samą myśl o konsekwencjach takich działań?

Rozważmy wspólnie propozycję, którą za pośrednictwem reklamy złożyły nam koncerny farmaceutyczne. Zachęcają nas, by wziąć tabletkę, zamiast poważnie zastanowić się nad źródłem chronicznego bólu głowy, który zawsze jest sygnałem napięcia, niezgody, przemęczenia, zbyt wielu toksyn w ciele. Zamiast zregenerować ciało, odpocząć, zrobić sobie przerwę (nie daj Boże zatrzymać się!), mówią: „biegnij dalej!". Tylko dokąd? W kierunku choroby – bardziej refleksyjnym czytelnikom odpowiedź nasuwa się sama. Jak myślisz, kto zyska na twojej chorobie?

Ponieważ nie chcę być posądzona o rozpowszechnianie spiskowych teorii, problem ten pozostawiam do rozstrzygnięcia twojej mądrości.

Podobnie jak myśl, która często dźwięczy mi w uszach, gdy tracę uważność i zaczynam brać udział w owym wyścigu: **„Jeśli życie to odcinek, w którym start to moment narodzin, a meta to chwila śmierci, czy opłaca nam się biec?".**

Niestety, gdy czytam statystyki i obserwuję rosnące w siłę koncerny farmaceutyczne, widzę, że wiele osób zgadza się, że ten bieg jest dobrą inwestycją. Mianowicie w gonitwie, w której brak uważności, powoli (a może za szybko?) tracimy kontakt z własnym organizmem, farmakologicznie zagłuszając informacje, które do nas wysyła w postaci bólu.

Powinnaś wiedzieć: ból jest informacją, że powstało swoiste zakłócenie w ciele i dany organ domaga się twojej uwagi. Gdy zamiast ból zrozumieć, starasz się go zagłuszyć, stopniowo odcinasz się od sygnałów płynących z ciała i tracisz możliwość porozumienia z nim. Nie podejmując z nim współpracy, traktując go jak wroga, którego bombardujesz tabletkami, na własne życzenie unieszczęśliwiasz swoje komórki, a w konsekwencji siebie.

Choć brzmi to nieco paradoksalnie, to wskazuje na to, że dokładamy wszelkich starań aby się... rozchorować! Rzucamy kłody pod nogi naszemu ciału, które (jak już wiesz) ma odmienny cel – przetrwać w zdrowiu.

Jeśli pozbawisz grupę komórek życiodajnego tlenu (ich pierwotnego źródła energii) niektóre z nich umrą, ale inne zdołają zmienić swoje genetyczne oprogramowanie i zmutują się w niezwykle sprytny sposób: komórki zaczną żyć bez tlenu. Komórka rakowa to normalna komórka, która przeszła proces mutacji do takiego stopnia, że jest w stanie przeżyć w otoczeniu beztlenowym.

Andreas Moritz

Twoje komórki są NIE-SZCZĘ-ŚLI-WE...

...gdy żyją w kwaśnym środowisku

Zapewne nie zdziwię cię, mówiąc, że większość z nas ma zaburzoną równowagę w organizmie[2]. Co to oznacza? Postaram się to w prosty sposób wyjaśnić, wykorzystując opis bestsellerowego autora Jamesa Redfielda. Kiedy coś jemy, pożywienie zostaje strawione, przechodzi przez procesy metabolizmu, a w naszym ciele pozostają odpady. Te odpady mają albo odczyn zasadowy, albo kwaśny, to zależy od pokarmu. Jeśli odczyn jest alkaliczny, czyli zasadowy, nasz organizm bardzo łatwo się ich pozbywa i zużywa przy tym niewiele energii. Jeśli jednak te odpady są kwaśne, system krwionośny i limfatyczny

[2] Teoria równowagi zasadowo-kwasowej i jej wpływu na nasze zdrowie ma swoich zwolenników i przeciwników, jak to zwykle w świecie nauki. Medycyna chińska nie zna tego pojęcia, gdyż jest ono stosunkowo młode i zrodziło się na Zachodzie. Jednakże jeśli podobnie jak ja interesujesz się tym zagadnieniem i czujesz, że jest ono użyteczne, polecam ci książkę R. O. Younga, S. R. Young, *Próbowałam już wszystkiego, żeby schudnąć... przełomowy program odchudzający – cud równowagi pH*, Wydawnictwo Medium.

ma wielkie problemy, by je usunąć, krążą więc w naszym organizmie. Im więcej w ciele takich kwaśnych odpadów, tym bardziej kwaśne stają się całe tkanki. Co się wtedy dzieje? Pojawia się taki czy inny mikrob, który od razu wyczuwa ten cały kwas, i mówi sobie: „O! To ciało jest gotowe, żeby je rozłożyć!". Powinnaś wiedzieć, że gdy organizm umiera, bardzo szybko jego materia staje się wysokokwasowa i zostaje skonsumowana, rozłożona przez mikroby. Dotyczy to wszystkich organizmów, także ludzkich. Jeśli więc już za życia zaczynamy przypominać taką kwaśną, obumarłą materię, stajemy się celem ataku mikrobów... Nie brzmi przyjemnie, prawda?

Gdy martwe komórki nagromadzą się w jakiejkolwiek części ciała, doprowadzą do wielu postępujących reakcji, które mogą objawić się jako podrażnienie, opuchlizna, stwardnienie, zapalenie, owrzodzenie czy nienormalny rozwój komórek. Tak jak każda inna tzw. choroba, rak jest po prostu zapaścią toksyczną.

Oczywiście nie możemy całkowicie uniknąć wytwarzania się kwasów w naszym organizmie, ponieważ powstają one naturalnie w procesie trawienia, oddychania, przemiany materii i rozpadu komórek. Jeśli jednak spożywamy toksyczne jedzenie, tłumimy emocje, prowadzimy nieregularny tryb życia, jesteśmy odwodnieni, przejadamy się, niedosypiamy, zaburzamy równowagę w ciele. Nasz system wydalniczy nie działa efektywnie, w konsekwencji dzień po dniu, zmieniamy wewnętrzne środowisko życia naszych komórek. Andreas Moritz ostrzega: „Gdy martwe komórki nagromadzą się w jakiejkolwiek części ciała, doprowadzą do wielu postępujących reakcji, które mogą objawić się jako podrażnienie, opuchlizna, stwardnienie, zapalenie, owrzodzenie, czy nienormalny rozwój komórek. Tak jak każda inna tzw. choroba, rak jest po prostu zapaścią toksyczną"[3].

[3] A. Moritz, *Rak nie jest chorobą*, Ariya, Warszawa 2012, s. 151.

...gdy żywią się odpadkami i są podduszone

> Nawet jeśli szkodliwe zarazki wniknęłyby do tkanek zdrowego ciała, nie uczyniłyby mu żadnej krzywdy. Wirus po prostu nie jest w stanie wniknąć do jądra komórkowego dobrze natlenionej komórki, ponieważ wystawienie go na działanie tlenu unicestwia go.
>
> Andreas Moritz

Zastanówmy się teraz, co dzieje się ze szkodliwymi produktami przemiany materii, toksynami, niestrawionym pokarmem białkowym? Ciało musi poradzić sobie w jakiś sposób z tym „nadmiarem" i zaczyna składować je w płynie otaczającym komórki, w formie wewnątrzwątrobowych kamieni żółciowych, albo wbudowując nadmiar białka w błony ścian naczyń włosowatych, a następnie w błony podstawowe tętnic. To powoduje pogrubienie ścian naczyń i żył oraz zagęszczenie krwi, która coraz mniej efektywnie dostarcza do komórek odpowiednią ilość tlenu, glukozy oraz wody. Komórki, pływając w tej gęstej i nieprzyjemnej zupie odpadów, zaczynają się dusić. Mając jednak głęboko zakodowany program przetrwania i misję życia, muszą poradzić sobie w tym nieprzychylnym środowisku. W jaki sposób to robią? Zaczynają mutować, czyli przystosowywać się do życia w środowisku beztlenowym. Normalne komórki łączą tlen z glukozą i w ten sposób zaspokajają potrzeby energetyczne. Jeśli jednak komórka znajduje się w środowisku, w którym drastycznie brakuje tlenu, by przetrwać, musi nauczyć się odżywiać w inny sposób. Jaki? W procesie fermentacji. Mówiąc wprost, komórka taka zaczyna żywić się odpadami. „Jest to podobne do umierającego z głodu zwierzęcia zmuszonego jeść swoje własne odchody"[4] – zauważa naturoterapeuta.

Czy zwróciłaś uwagę na niezwykłą mądrość organizmu? Twój wewnętrzny system tak przeprogramował komórki, by zaczęły się żywić niebezpiecznymi produktami przemiany materii i w ten sposób eliminowały je z płynu międzykomórkowego lub tkanki łącznej. Gdyby guz (powstały ze skupiska takich komórek) nie metabolizował kwasu mlekowego, ten mógłby przedziurawić ściany naczyń krwionośnych i wraz z innymi „śmieciami" toksyczna substancja wniknęłaby do krwi, zatruwając ją i powodując wstrząs septyczny, a w rezultacie natychmiastową śmierć! Jednak zmutowane komórki przedłużają nam życie. „Komórki nie mutują dlatego, że ich geny miały zły dzień i zdecydowały się być złośliwe. Geny nie wyłączają się i nie włączają bez żadnego powodu. Nasze plany genetyczne nie mają mocy, by coś takiego uczynić. Istnieją jedynie po to, aby pomóc komórkom się powielać. Jednakże genetyczny plan zostaje naturalnie zmodyfikowany, gdy w środowisku komórki zachodzą radykalne zmiany"[5]. Myśl ta znajduje potwierdzenie także u innych naukowców, w tym Bruce'a Liptona – profesora medycyny, cytologa, który ponad dwadzieścia lat prowadził badania w Stanford i dostrzegł, że komórki śródbłonka, którymi pokryte są ściany naczyń krwionośnych, zmieniały swoją strukturę i funkcje w zależności od środowiska. Gdybym miała podsumować jednym słowem, co jest kluczowe dla utrzymania zdrowego środowiska komórek, byłoby to magiczne słowo: tlen.

---

[4] A. Moritz, *Rak nie jest chorobą*, Ariya, Warszawa 2012, s. 57.
[5] Tamże, s. 74.

Za to prawdziwie optymistycznie prezentuje się świat wewnętrzny: twoje myśli, emocje, nastawienia, przekonania, pragnienia, wartości, stany, świadomość itd.

Tutaj masz **sto procent wpływu!**

Ta przestrzeń daje ci prawdziwą wolność: urządzasz ją tak, jak pragniesz.

... gdy bronią się lub walczą

Komórki wciąż się odnawiają, dla przykładu cały nabłonek komórek jelit jest wymieniany co siedemdziesiąt dwie godziny. Jak się pewnie domyślasz, aby utrzymać ten proces, konieczne jest zużycie dużej ilości energii. Zatem komórki muszą się odżywiać, by ją produkować. Nie mogą jednak pobierać pożywienia, gdy... bronią się lub walczą! „Obrona wymaga zamknięcia systemów, by odgrodzić od postrzeganego zagrożenia (...). Utrzymywana dłużej reakcja obronna zahamowuje wytwarzanie energii podtrzymującej życie"[6] – pisze Lipton. Jeśli więc zmuszasz swoje komórki do funkcjonowania wciąż w trybie „walki" lub „obrony" – będąc w permanentnym stresie – upośledzasz ich wzrost i rozwój. „Wzrost wymaga otwartych kanałów wymiany pomiędzy organizmem i jego środowiskiem"[7] – tłumaczy naukowiec. To co najważniejsze: komórki nie są w stanie działać wydajnie w obu trybach jednocześnie.

Stres jest niezwykle niebezpieczny z kilku powodów. Po pierwsze: osłabia nasz układ odpornościowy, którego funkcją jest obrona nas przed atakami wirusów czy infekcji. Jesteśmy więc o wiele bardziej podatni na zachorowania. Zastanówmy się przez chwilę, co wydarza się w naszym ciele w momencie, gdy stajemy wobec stresorów – co ważne, nie ma znaczenia, czy są one realne, czy wyobrażone. Nasz wewnętrzny system reaguje identycznie. Dla mózgu jest nieistotne, czy stresująca sytuacja wydarza się obecnie, dopiero ma się wydarzyć lub (w najgorszym przypadku) tylko projektujemy, że się wydarzy. W każdym z tych przypadków ciało uwalnia

[6] B. Lipton, *Biologia przekonań*, BMG Publishing, bmw, 2010, s. 144.
[7] Tamże, s. 144.

do krwiobiegu dodatkowe porcje adrenaliny i kortyzolu, stawiając wszystkie komórki „na baczność". Jak w wojsku reagują one na komendę, którą wydał twój centralny system dowodzenia: „do ataku". Nagle serce zaczyna bić szybciej, tętno przyśpiesza, wstrzymujemy oddech. Jest to zrozumiała reakcja, która towarzyszy zastygnięciu w bezruchu i lepszemu nasłuchiwaniu zbliżającego się tygrysa. Problem pojawia się wtedy, gdy tygrys, zamiast nas minąć lub zaatakować, bezczelnie stoi i wyczekuje nas dwadzieścia cztery godziny na dobę, siedem dni w tygodniu. Przecież nasze ciało przestawiło się w tryb przetrwania! Niepotrzebne funkcje zostały odłączone, dystrybucja energii zużywanej na regenerację i wzrost została zatrzymana – wszak nie będą one potrzebne, gdy tygrys nas pożre i nie przeżyjemy zagrożenia... Z godziny na godzinę, z dnia na dzień nasze komórki stają się coraz mniej dotlenione, nadmiar kortyzolu krąży po organizmie i, jak zaznacza Larry Woodruff, profesor nadzwyczajny Arizon State University Polytechnic – „zmienia się z czynnika chroniącego w bardzo toksyczną substancję"[8].

Jak widzisz, prawdziwym zagrożeniem okazuje się nie sam tygrys, lecz twoja reakcja na niego. Metodą radzenia sobie ze skutkami stresu nie jest więc usunięcie wszystkich stresorów. Zgodzisz się chyba ze mną, że byłoby to trudne, przecież na wiele z nich nie mamy wpływu: zachowania innych ludzi, zmiany gospodarcze, chwiejny rynek finansowy, stan zdrowia bliskich nam osób. Co zatem robić? Przekierować swoją uwagę na te obszary, na które mamy wpływ.

Na co dzień funkcjonujemy w dwóch światach – tym zewnętrznym i tym wewnętrznym. W przestrzeni zewnętrznej znajduje się nasze otoczenie: dom, finanse, praca, sąsiedzi,

[8] Cyt za. A. Lee, D. Campbell, *Oddychanie doskonałe*, Świat Książki, Warszawa 2010, s. 100.

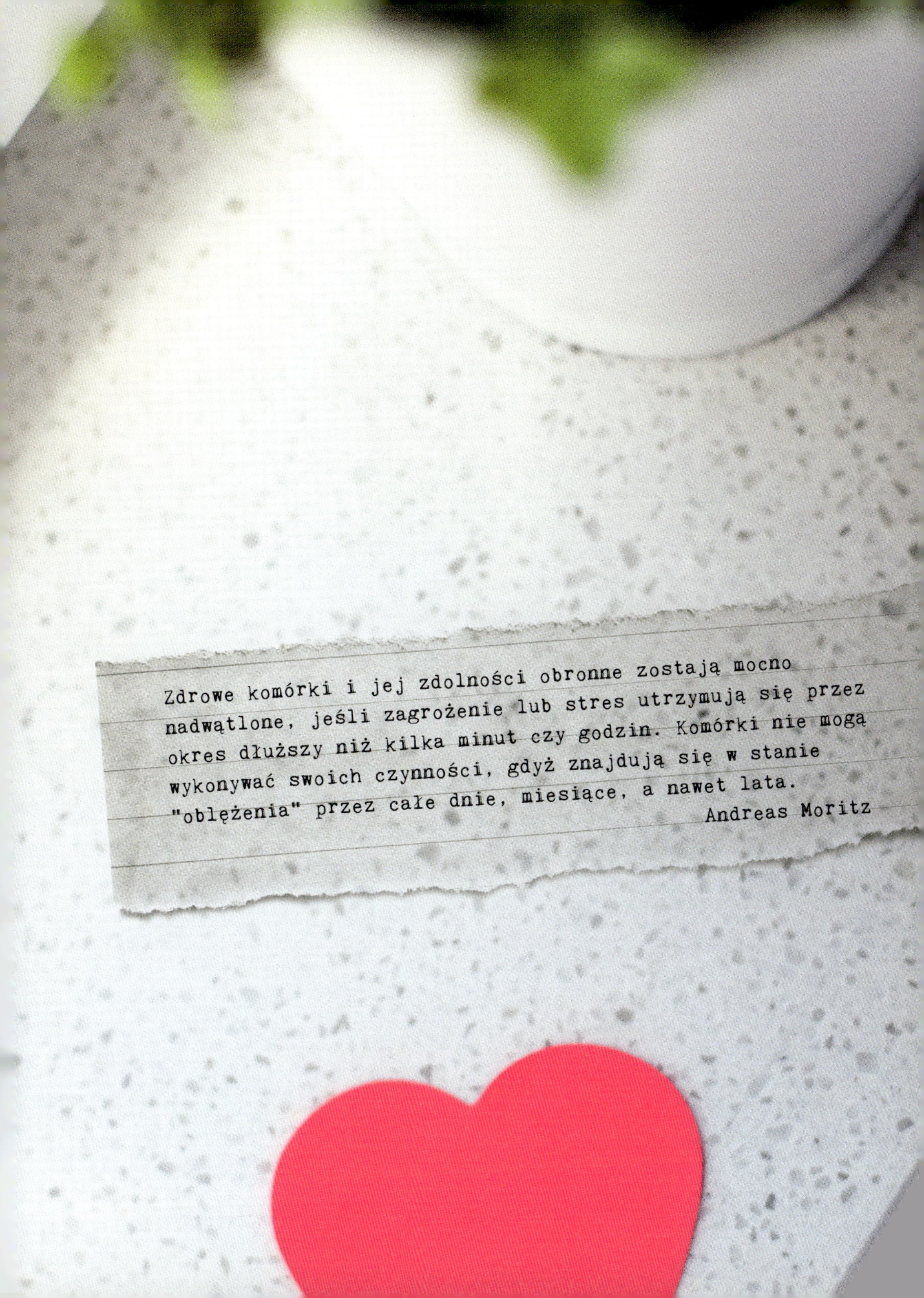
Zdrowe komórki i jej zdolności obronne zostają mocno
nadwątlone, jeśli zagrożenie lub stres utrzymują się przez
okres dłuższy niż kilka minut czy godzin. Komórki nie mogą
wykonywać swoich czynności, gdyż znajdują się w stanie
"oblężenia" przez całe dnie, miesiące, a nawet lata.
Andreas Moritz

rodzina, ale także zachowania innych ludzi, to, czy są dla nas uprzejmi, opiekuńczy, czy też aroganccy, oceniający. Tutaj lokują się społeczne i ekonomiczne procesy. Zastanów się, jaki masz wpływ na tę przestrzeń? W ilu procentach możesz kontrolować to, co się w niej wydarza? Czy możesz odpowiadać za to, jak zachowa się twój szef, sąsiad czy mąż? A może siłą swojej woli zmienisz kurs franka? Myślisz, że z powodu twoich dobrych życzeń politycy podejmą inne decyzje w sprawie emigrantów? Tak, zgadzam się z tobą... Twój wpływ jest w tym względzie ograniczony.

Za to prawdziwie optymistycznie prezentuje się świat wewnętrzny: twoje myśli, emocje, nastawienia, przekonania, pragnienia, wartości, stany świadomość itd. Tutaj masz sto procent wpływu! Ta przestrzeń daje ci prawdziwą wolność, urządzasz ją tak, jak pragniesz. Możesz dokonywać wyboru, które myśli rozwijasz, a którym pozwalasz odpłynąć. Chcesz wierzyć, że życie nie ma ci nic do zaproponowania? – W porządku, wierzysz! Chcesz wierzyć, że twoja przyszłość kształtuje się w chwili obecnej i zależy od twoich decyzji? – Super! To twój wybór. Decydujesz, by żyć bez miłości, bo boisz się otworzyć? – Dokładnie tak się stanie. A jeśli zaryzykujesz i postanowisz czuć i otworzyć serce, zaufać drugiej osobie? – Wydarzy się coś zgoła odmiennego, znajdziesz miłość. Tak jak codziennie dokonujesz wyboru, które przekonania chcesz wzmacniać, możesz podjąć decyzję, jak chcesz zareagować na sytuację stresową. Nawet na poziomie fizjologicznym masz wpływ na tempo oddechu. Zrób mały eksperyment. Gdy poczujesz się zestresowana, połóż się na podłodze, ułóż dłoń na brzuchu i zacznij głęboko oddychać, skupiając całą uwagę na tej czynności. Przekonasz się, że w jednej chwili zmieni się stan twojego umysłu. Gdy w stresującej sytuacji zaczniesz oddychać głęboko i przeponowo, wpłynie to na tętno i częstość akcji serca, a także na produkcję

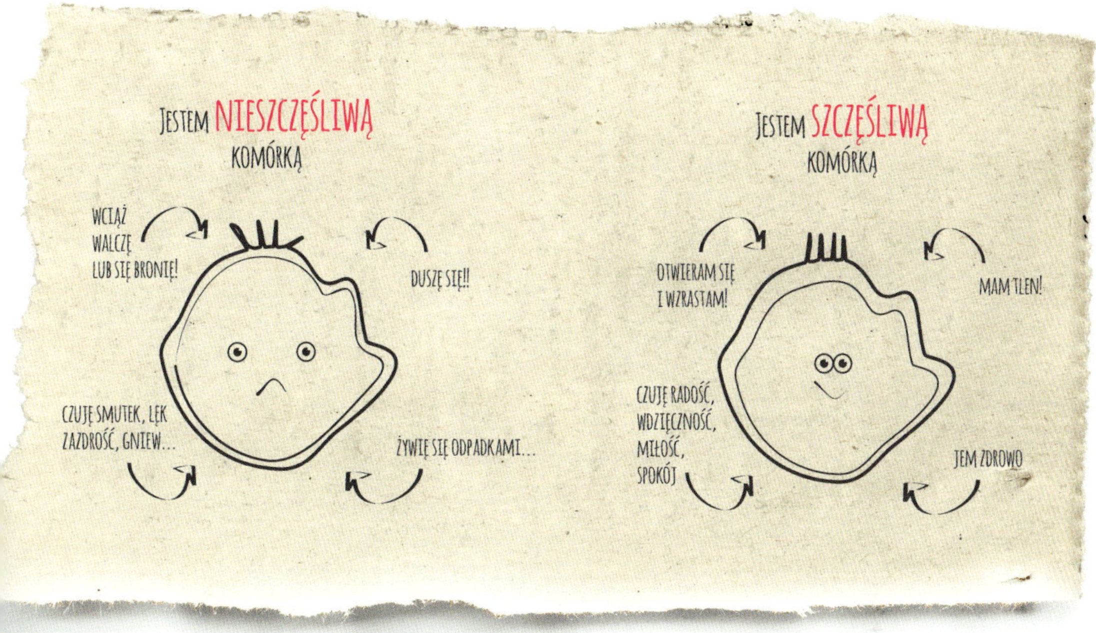

adrenaliny. Możesz zminimalizować oddziaływanie stresu na twój umysł i ciało, i nie jest to wyłącznie moja obserwacja, lecz wiedza sprawdzona przez setki tysięcy osób. Jon Kabat-Zinn, profesor medycyny i twórca Kliniki Stresu w swojej inspirującej książce *Życie piękna katastrofa* analizuje wpływ myśli i uczuć na zdrowie. Obserwuje ludzi wyraźnie ożywających w stresie albo tych, którzy przeżyli niezwykle stresujące sytuacje. Naukowiec zauważa, że „człowiek może zrobić wiele, by podnieść swój poziom odporności na stres. Najlepszym sposobem, by to osiągnąć, jest zapanowanie nad własnym życiem, czyli gotowość do zadawania sobie trudnych pytań o kierunek, w jakim zmierza nasze życie i jak można je wzbogacić przez określone wybory i zmiany w zakresie kontroli, zobowiązań i otwartości na wyzwania"[9].

[9] J. Kabat-Zinn, *Życie piękna katastrofa*, wyd. Czarna Owca, Warszawa 2012, s. 267.

> Zdrowienie (...) wymaga otwartości i akceptacji, nastawienia się na łączność, podejścia całościowego. Żadnej z tych rzeczy nie można wymusić, to tak jak nie można się zmusić do snu. Aby zasnąć, trzeba stworzyć odpowiednie warunki, a potem odpuścić sobie.
>
> Jon Kabat-Zinn

... gdy przeżywają destrukcyjne emocje

Musisz wiedzieć, że każda komórka twojego ciała czuje wraz z tobą twoje nastawienie, myśli i emocje. Różnica polega na tym, że ty masz wpływ na to, co myślisz i czujesz, a twoje komórki nie! Od twojej woli zależy, jak zareagujesz na sytuację, która przytrafia ci się w życiu, a twoje komórki są zależne od twojego wyboru. Swoje ciało karmisz nie tylko jedzeniem, również emocjami! Jeśli chcesz zachować organizm w stanie równowagi, który przejawia się optymalnym poziomem życiowej energii (a także optymalną wagą!), konieczne jest, byś uzyskała spokój w sferze umysłowej, emocjonalnej i duchowej. Jesteśmy całością psychosomatyczną, a najnowsze badania sugerują, że emocje nie są zlokalizowane w konkretnym miejscu w mózgu, lecz kodują się w całym ciele, w narządach wewnętrznych. Zapewne nieraz zauważyłaś zależność między odczuwanym stanem emocjonalnym takim jak smutek, żal, lęk a bólem brzucha czy głowy. Destrukcyjne stany emocjonalne upośledzają prawidłową pracę narządów wewnętrznych. Zaburzenia te często zaczynają się na poziomie odżywiania (kompulsywne jedzenie, głodzenie się itd.). Emocje możemy zajadać, możemy jeść, ponieważ czujemy się smutni, samotni, chcemy siebie nagrodzić lub ukarać. Dzisiaj psychologia wnikliwie opisała przypadki zaburzeń odżywiania, które mają podłoże psychiczne.

Pozytywne myślenie (proszę, nie myl go z wypieraniem emocji) jest ważnym elementem w naszej profilaktyce zdrowia. Uświadomienie sobie, że mamy wpływ na to, które myśli zasilamy energią i uwagą, zrozumienie, że myśli sponsorują nasze emocje, a następnie przyjęcie odpowiedzialności za tę przestrzeń – oto punkt wyjścia na tej ścieżce[10]. To, które myśli pojawiają się w naszym umyśle, ma związek z tym, jakimi przekonaniami rządzi się nasz wewnętrzny świat. Nasze poglądy, osądy, oceny, wszystko to składa się na sposób, w jaki podejdziemy do wydarzeń w naszym życiu. Ma również wpływ na nasze relacje z innymi ludźmi. A ostatecznie ma wpływ także na nasze komórki: czy będą funkcjonować w trybie „walki" i „obrony". Dzieje się tak zazwyczaj wtedy, gdy nasze przekonania nie wspierają nas samych. Wydaje nam się, że wciąż musimy walczyć ze światem, z losem, z innymi. Definiujemy swoją egzystencję jako pole walki, a jak wiadomo na froncie trzeba atakować lub się bronić. A przecież wystarczy przestać być dobrowolnym celem ataków, zrezygnować z roli tarczy, do której strzelają przeciwnicy.

Doktor David R. Hawkins w swojej książce *Power Vs. Force* ocenił w skali od 1 do 1000 poziom energii podstawowych ludzkich emocji. Co ciekawe, okazuje się, że poczucie wstydu, wina, apatia, żal, strach, pożądanie, złość, duma znajdują się w niskich rejestrach – poniżej 200 punktów, co oznacza, że dla osoby, która je odczuwa, są destrukcyjne. Powyżej tej granicy znajdują się

---

[10] Więcej na temat pracy z umysłem, nastawieniem, przekonaniami, emocjami znajdziesz w mojej książce *Egoizm to nie grzech! Pokochaj swój umysł*, Wydawnictwo Burda Książki, Warszawa 2016.

Musisz wiedzieć,
że każda komórka
twojego ciała
czuje wraz z tobą
twoje nastawienie,
myśli
i emocje.
Różnica polega na tym,
że ty masz wpływ
na to, co myślisz i czujesz

natomiast takie stany jak odwaga, brak osądu, chęć, akceptacja, rozsądek, miłość i radość. Bardzo wysoko oceniony został spokój (600 pkt.), który wyraźnie wpływa na stan wewnętrznej równowagi. Jest obecny w chwilach zatrzymania i wspiera naszą uważność. Zestawienie to obrazuje jedynie oczywisty fakt, że jeśli zbyt długo będziemy przebywać w stanach destrukcyjnych, poziom naszej energii będzie niski, a w konsekwencji spowoduje to również zaburzenie wewnętrznej równowagi. Rada w tym względzie jest jedna: oczyszczać nie tylko ciało, ale również umysł, praktykując jogę, medytację, relaksację, kontemplację, kontakt z naturą. Powinniśmy nauczyć się **działać** wobec sytuacji, które życie przed nami stawia, a nie jedynie **reagować** na nie. W pierwszym przypadku będziemy szukać rozwiązań, podejmować próby, w drugim tylko podgrzewać stany emocjonalne. Budowanie wewnętrznego dystansu do sytuacji, wybaczanie sobie, uwalnianie się od destrukcyjnych stanów to ważne elementy sztuki życia. Nauczyłam się tego, gdy Tomek chorował na nowotwór i gdy umierał w moich ramionach, a także później, gdy zostałam sama i budowałam życie na nowo. W tamtym czasie moje komórki były nie tylko smutne, ale zapewne też niedożywione w wyniku granicznej i stresującej sytuacji, w której przyszło mi egzystować.

twoje komórki nie!

Okres żałoby świadomie przeznaczyłam na to, by przywrócić moim komórkom szczęście.

TWOJE KOMÓRKI SĄ SZCZĘŚLIWE...

...gdy mądrze się odżywiasz

Po pierwsze, **zrezygnuj z jedzenia chemii.**

Rocznie wraz z pożywieniem wprowadzamy do swojego organizmu kilka kilogramów chemii i toksyn. Przekonuje się nas, że środki chemiczne dodawane do żywności nie są szkodliwe. Nie tak dawno rozmawiałam z biologiem – właścicielem znanej marki żywności ekologicznej, który tłumaczył mi, że nie ma obecnie pokarmów bez chemii, że z biologicznego punktu widzenia sól to również związek chemiczny. Że cała ta nagonka jest „zbiorową histerią". Ale czy na pewno? Nawet jeśli poszczególne substancje konserwujące żywność nie są trujące – w końcu zostały dopuszczone do spożycia przez ludzi – to nikt nie bada wpływu mieszanki chemicznej, którą fundujemy sobie jako sumę wszystkich składników. Tylko my sami odczuwamy, jaki ma ona wpływ na nasz organizm. Dlatego świadomie komponuj produkty i staraj się dostarczyć pożywienie nieprzetworzone i pozbawione chemii. W drugiej części książki znajdziesz recepturę siedmiodniowego detoksu, pomysły na zdrowe potrawy, a także listę zdrowych zamienników, które powinny znaleźć się w twojej kuchni.

Pamiętam, że gdy rozpoczynałam swoją przygodę ze zmianą nawyków żywieniowych, dużą uwagę zwracałam na to, by moje potrawy nie tylko były zdrowe, lecz również wyglądały kolorowo i zachęcająco. Dzięki temu mogłam z łatwością angażować w posiłek wszystkie sześć zmysłów.

Organizm człowieka rozwinął niezwykle złożoną sieć reakcji, dzięki którym najwięcej korzyści możemy uzyskać z nieprzetworzonej żywności, występującej w naturze. Ci, którzy opierają się na błędnych opiniach, mówią o zaletach jednego specyficznego związku odżywczego, ale takie myślenie zbytnio upraszcza zagadnienie. Organizm czerpie korzyści ze związków chemicznych obecnych w żywności, gdy dostarczane są razem; odrzuca jedne i przyswaja drugie, tak jak uznaje za słuszne.

Thomas Campbell

Po drugie, **zwróć uwagę nie tylko na to, co jesz, ale także, ile jesz.**

Gdy spożywasz większą ilość jedzenia, niż żołądek może przetworzyć, narażasz się na ryzyko powstawania kamieni żółciowych. Jeśli chcesz, aby układ trawienny był wydajny, paradoksalnie – nie dojadaj. Thich Nhat Hanh zaleca, aby spożywać tyle, ile mieści się na dłoni (oczywiście przy założeniu, że nie budujemy na dłoni ogromnych piramid i kopców z jedzenia...). Inna wskazówka – którą często można spotkać w literaturze fachowej – brzmi: najadaj się w osiemdziesięciu procentach. Dwadzieścia procent, które pozostanie, będzie to błogosławione uczucie niedosytu. Dlaczego to ważne? Przejadanie się prowadzi do zatoru jelitowego, do namnażania destrukcyjnych bakterii i drożdży. Dodatkowo uczuciu przejedzenia zawsze towarzyszy spadek energii i co za tym idzie nadmierne spożywanie produktów energetyzujących jak kawa czy słodycze!

Pamiętam, jak zaczynaliśmy z Tomkiem zmieniać nawyki żywieniowe i odwiedziła nas niespodziewanie siostra Tomka ze swoją dwuletnią córeczką Jagódką. Przygotowałam pożywny dal z ryżem i podałam z uśmiechem na stół. Mój uśmiech zdecydowanie zniknął, gdy goście zaczęli prosić o dokładkę. Ja natomiast nie miałam im co podać, bo przygotowałam porcje standardowej wielkości, takie, jakie jadaliśmy my. Czyli dla innych – zbyt małe. Biedna Jagódka musiała się zadowolić deserem z ekologicznej chałwy. Prawdziwe oburzenie wzbudziłam kiedyś w znanej kulinarnej produkcji medialnej. „Wielkość podanego deseru mnie rozczuliła. Nie wiedziałam, czy się śmiać, czy płakać" – oceniła moje kuchenne starania koleżanka z programu. Przekonałam się wtedy, że w większości ludzie jedzą dużo za dużo! Jeżeli przejadanie się jest twoim niezdrowym nawykiem, oto kilka porad, jak zrównoważyć apetyt.

Medycyna chińska mówi, że nadmierny apetyt sygnalizuje, że twój żołądek jest zbyt rozgrzany. Warto więc ochłodzić go, spożywając regularnie świeże owoce i warzywa w formie sałatek lub przygotowywać z nich soki i koktajle (przepisy znajdziesz w drugiej części książki). Jednocześnie ogranicz spożycie produktów rozgrzewających żołądek, czyli mięsa, pokarmów tłustych lub smażonych, orzechów, nasion, produktów o bardzo słonym lub rozgrzewającym smaku (czosnku i innych warzyw z rodziny cebulowatych, cynamonu, imbiru, kminu, kopru, kminku, ostrych rodzajów pieprzu itd.). Kolejnym sposobem jest zwiększenie ilości płynów w diecie w postaci zup i wywarów, a także napojów lub produktów zawierających skoncentrowany chlorofil (spirulina czy trawa pszeniczna).

Po trzecie, ważne jest nie tylko to, co jesz, ile jesz, ale także jak jesz.

Zauważyłam, że gdy posiłki spożywam powoli i z uważnością, zjadam mniejsze porcje i czuję się lżejsza. Jedzenie pomału pomoże ci dostrzec moment, w którym pojawia się przyjemne uczucie sytości, i zakończyć posiłek, zanim zjesz zbyt dużo. Thich Nhat Hahn w swojej książce *Smak* dzieli się praktykami pozwalającymi uczynić z posiłku trening uważności. Działanie takie daje kilka korzyści, poza oczywistą – jemy spokojniej, a więc wszystkie pokarmy są lepiej strawione. Wszak proces trawienia rozpoczyna się w jamie ustnej, a nie w żołądku! Czy wiesz, że powstała nawet odrębna nazwa „fleczeryzm" (za sprawą amerykańskiego specjalisty od żywienia Horace'a Fletchera) dla sztuki dokładnego miażdżenia? Fletcher zaleca, by każdy kęs przeżuć od trzydziestu do pięćdziesięciu razy. Starożytna japońska i chińska tradycja również wskazuje na korzyści płynące z właściwego przeżuwania. Nie wiem jak ty, ale ja mam wrażenie, że wszyscy powinniśmy nauczyć się tej sztuki od nowa. Pamiętam, że gdy rozpoczynałam swoją przygodę ze zmianą nawyków żywieniowych, dużą uwagę zwracałam na to, by moje potrawy nie tylko były zdrowe, lecz także wyglądały kolorowo i zachęcająco. Dzięki temu mogłam z łatwością angażować w posiłek wszystkie sześć zmysłów. „Nakładając i spożywając potrawy, zauważ nie tylko smaki, ale również dźwięki, kolory, zapachy i konsystencje oraz własne reakcje na te wszystkie bodźce"[11] – pisze buddyjski nauczyciel.

[11] Thich Nhat Hanh i dr L. Cheung, *Smak, Świadome odżywianie, świadome życie*, wyd. Czarna Owca, Warszawa 2011, s. 136.

Po czwarte, **zrezygnuj ze „śniadanioobiadokolacji" na rzecz trzech posiłków.**

To nie jest przypadek, że doba ma dwadzieścia cztery godziny, z czego dwanaście godzin przypada na dzień i dwanaście na noc. Również nie jest to tylko pradawna tradycja, że powinniśmy jeść śniadanie, obiad i kolację, a nie „śniadanioobiadokolację", jak praktykują niektóre „pracowite mrówki". Dlaczego to ważne? Nasz organizm jest kontrolowany przez okołodobowe rytmy, które regulują istotne funkcje w naszym organizmie: wydzielanie hormonów, soków trawiennych, wydalanie – dla nich rutyna jest zbawienna! Jeśli na przykład śpisz o różnych porach, zasypiasz, gdy jest jasno, a wstajesz, gdy jest ciemno, możesz mieć pewność, że twoja gospodarka hormonalna jest rozregulowana. Zastanów się nad tym, co dzieje się w twoim ciele, gdy rozregulowujesz cykl, chodząc spać po godzinie dwudziestej drugiej i wstając po dziewiątej, zamiast wraz ze wschodem słońca, około szóstej rano. Podpowiem ci: poza rozregulowaniem gospodarki hormonalnej, narażasz również układ wydalniczy – produkty odpadowe, które gromadzą się przez noc i naturalnie usuwane są między szóstą a ósmą rano, zostają ponownie wchłonięte... Cóż, mnie ta perspektywa dostatecznie motywuje do porannego wstawania. A ciebie?

Po piąte, **bądź uważny w ilości spożywanego mięsa.**

Nadmiar białka, które spożywamy, odkłada się w naczyniach krwionośnych i limfatycznych, powodując liczne zatory i blokady w przepływie limfy oraz krwi. A to grozi zawałem, wylewem lub rakiem! Twoja dieta powinna być zbilansowana i to, że codziennie jesz mięso, nie jest gwarancją dostarczenia odpowiednich składników odżywczych. Zwłaszcza że jedząc mięso, spożywasz wyłącznie mięsień zwierzęcia, nie zaś całe zwierzę, czyli szpik kostny, krew itd. Głównie więc dostarczasz sobie białka.

Po szóste, **zastanów się nad ilością spożywanego alkoholu i kawy.**

Niestety, oba trunki są przyczyną odwodnienia organizmu. Powodują one zmniejszenie ilości wody w komórkach, krwi, limfie i żółci, a co za tym idzie, osłabiają krążenie krwi i proces eliminacji produktów ubocznych. Pić powinniśmy wodę, i to filtrowaną! Woda jest niezbędna w procesie detoksykacji. Niestety, nasz organizm nie potrafi magazynować wody w taki sposób, jak magazynuje tłuszcz (zapewne przemiana tłuszczu w wodę dla wielu byłaby porównywalna z cudem z Kany Galilejskiej...), dlatego musimy regularnie pić. Eksperci wskazują, że aby utrzymać produkcję i konsystencję żółci na właściwym poziomie, a także odpowiednie wartości krwi, powinniśmy dziennie pić około sześciu do ośmiu szklanek wody, najlepiej ciepłej. Dobrą porą na wypicie większej porcji wody jest ranek, posłuży to rozcieńczeniu moczu, który po nocy jest bardzo stężony.

Zestaw dobrych praktyk dla twoich jelit:

- ustal regularne pory posiłków,
- jedz mniejsze porcje za to częściej, jeśli jest taka potrzeba,
- zmniejsz ilość białka,
- zmniejsz ilość potraw smażonych i pieczonych na rzecz gotowanych, parowanych lub surowych,
- przygotowuj posiłki sama w domu, z produktów nieprzetworzonych,
- ogranicz ilość używek i dbaj o to, aby się nie odwodnić,
- pij wodę ciepłą filtrowaną,
- kupuj warzywa i owoce z upraw ekologicznych (nie kupuj warzyw i owoców w markecie!), a mięso ze sprawdzonych hodowli,
- nie dodawaj do posiłków chemicznych dodatków (ulepszacze, dodatki smakowe itd.),
- wyreguluj swój cykl dobowy: kładź się spać przed 22.00, wstawaj między 6.00 a 8.00,
- poświęć więcej uwagi swoim organom: regularnie masuj brzuch i stopy oraz dłonie (zapoznaj się z mapą stóp i dłoni opracowaną przez Polski Instytut Refleksologii, znajdziesz tam obszary odpowiadające konkretnym narządom; możesz też wybrać się na serię zabiegów do wykwalifikowanego refleksoterapeuty).

Póki żyjemy, zawsze oddychamy. Nie możemy zostawić oddechu w domu. Jest zawsze pod ręką, niezależnie od tego, co robimy, co czujemy, czego doświadczamy, gdzie jesteśmy. Wsłuchanie się w oddech sprowadza nas do tu i teraz. Natychmiast zakotwicza naszą świadomość w ciele, w podstawowym, rytmicznym, nieustającym procesie życia.

Jon Kabat-Zinn

... gdy świadomie oddychasz

Bez jedzenia można przetrwać kilka tygodni, a nawet miesięcy, bez wody kilka dni, a bez powietrza... najwyżej kilka minut. Buddyjscy mnisi twierdzą, że umiejętność oddechu przeponowego jest kluczem do długiego życia i zdrowia. Czy jednak zastanawiasz się na co dzień, w jaki sposób oddychasz? Płytko i szybko, szczytem płuc, zamiast przeponą, a może wręcz praktykujesz „oddech paradoksalny"?

Zróbmy mały eksperyment. Przerwij na chwilę lekturę i zaobserwuj, czy przy wdechu, gdy wciągasz powietrze, unoszą się płuca czy też wydyma twój brzuch? A teraz wydech, co się dzieje? Brzuch się wydyma czy może zapada? Jeśli zauważyłaś, że realizujesz pierwszy scenariusz, to mam dla ciebie przykrą wiadomość: zamiast dostarczać sobie tlenu, sama się z niego okradasz! Oddychasz w sposób paradoksalny, prawidłowy oddech polega na tym, że przy wdechu brzuch nadyma się jak balonik, a przy wydechu zapada. Niestety kanony estetyczne skutecznie blokują ten proces. Wszak nie wypada chodzić z wydętym brzuchem! Brzuch ma być płaski, a pierś wypięta, czyż nie?

Wiele osób, z którymi pracowaliśmy technikami świadomego oddechu, twierdziło, że gdy zaczyna się koncentrować na tej czynności, budzi się w nich lęk, że się uduszą! Niektórzy wręcz odmawiali wzięcia udziału w sesji oddychania, a jeden z uczestników szkolenia powiedział do Tomka: „Chłopie, ja ci współczuję! Ty musisz być cholernie zmęczony tym świadomym oddychaniem. Ja przynajmniej nie muszę o tym myśleć!". I w tym sęk, że o tym nie myślimy! Rezygnując z technik świadomego oddychania, w gruncie rzeczy oddajesz najcenniejsze (nie wspominam już o tym, że bezpłatne!) narzędzie redukowania poziomu stresu i napięcia w twoim ciele i umyśle (dzięki oddechowi uspokajasz umysł, zapewniasz sobie wydajny sen i usuwasz z ciała toksyny), pozbywasz się sposobu na transformowanie destrukcyjnych emocji (oddech pozwala ci wyeliminować automatyczne i nawykowe reakcje emocjonalne, dosłownie pozwala ci wpuścić świadomość między bodziec a reakcję), a także rezygnujesz z szansy na uwolnienie twórczych mocy (dotlenienie mózgu, uspokojenie gonitwy myśli i stworzenie przestrzeni dla kreatywności). To przecież dzięki świadomemu oddechowi (np. oddychaniu naprzemiennemu) synchronizujesz obie półkule mózgu.

Czy ktoś jeszcze potrzebuje argumentów, by wprowadzić do swojego życia techniki oddechowe? Zaznaczę, że to jedyna, darowana nam przez naturę, czynność, która łączy nasze zewnętrze (ciało) z naszym wnętrzem (myśl, emocje, świadomość). Jedyna, która choć jest czynnością wykonywaną automatycznie, może być również sterowana przez ciebie. Tego nie możesz zrobić na przykład z ruchem robaczkowym jelit. To chyba nie jest przypadek?

Zróbmy mały eksperyment.
Przerwij na chwilę lekturę i zaobserw
czy przy wdechu, gdy wciągasz
powietrze, unoszą się płuca czy też
wydyma twój brzuch?
A teraz wydech, co się dzieje? Wydym
się brzuch czy może zapada?

Jeśli zauważyłeś, że realizujesz pierwszy scenariusz, to mam dla ciebie przykrą wiadomość, zamiast dostarczać sobie tlenu, sam się z niego okradasz! Oddychasz w sposób paradoksalny, prawidłowy oddech polega na tym, że przy wdechu brzuch nadyma się jak balonik, a przy wydechu zapada.
Niestety, kanony estetyczne, skutecznie blokują ten proces. Wszak nie wypada chodzić z wydętym brzuchem! Brzuch ma być płaski, a pierś wypięta, czyż nie?

Oddychanie ma tak kluczową rolę dla naszego zdrowia i szczęścia, że w tradycji Wschodu pojawili się ludzie, którzy całe życie zainwestowali w rozwijanie tej sztuki i poznawanie tajników oddechu. Istnieją tam całe klasztory, w których większość praktyk koncentruje się na oddechu. Znane są przypadki joginów, którzy żywią się samą praną – energią – wprowadzaną do ciała przez oddech. Twierdzą oni, że te tak zwane cuda, których dokonują (np. rozgrzewanie wybranych partii ciała, kontrolowanie narządów i ich pracy) opierają się na świadomym kontrolowaniu oddechu. Master Young również naucza, że kluczowe dla długowieczności jest właściwe oddychanie, które wspiera proces rozprowadzania płynów po organizmie (krew, limfa), a te mają silny związek z życiową energią. Każdy więc ruch w Calligraphy Health System jest synchronizowany z oddechem. Aby nauczyć się właściwie wykonywać oddech brzuszny, lub jak często nazywał go Master Young „baby breath", należy rozluźnić brzuch. by uwolnić przeponę. Gdy brzuch jest rozluźniony, w chwili, w której nabieramy powietrze, rozszerza się na zewnątrz, bo przepona naciska z góry na jego zawartość. To pozwala przeponie się obniżyć i wdech jest dłuższy i głębszy – dzięki temu do płuc trafia więcej powietrza. Wydech również jest dłuższy, zatem cyrkulacja powietrza jest wydajniejsza. Co się dzieje, gdy mięśnie tworzące ścianę brzucha są napięte? W trakcie wdechu, gdy przepona zaczyna naciskać na żołądek, wątrobę i inne organy w brzuchu, napotyka opór i nie może dostatecznie się obniżyć. Oddech jest wtedy płytki i skupia się wysoko w klatce piersiowej.

Zauważ, jak oddychają dzieci – ich brzuszki są rozluźnione. Niestety, gdy z wiekiem w naszym życiu pojawia się coraz więcej napięcia i stresu, musimy ponownie uczyć się tej sztuki. Na kursie w Australii sporą część praktyki poświęciłam na rozluźnianie mięśni brzucha.

Leżałam na plecach, zamykałam oczy i kładłam rękę na brzuchu. Skupiałam uwagę na dłoni i zauważałam, jak się porusza wraz z wdechami i wydechami.

Leżałam na plecach, zamykałam oczy i kładłam rękę na brzuchu. Skupiałam uwagę na dłoni i zauważałam, jak się porusza wraz z wdechami i wydechami. Spróbuj wykonać to proste ćwiczenie dzisiaj wieczorem – jeśli ręka podnosi się w trakcie wdechu i opada w trakcie wydechu, udało ci się. Pamiętaj, że nie powinien być to gwałtowny ruch, przy wdechu poczuj, jakby w brzuchu powoli napełniał się balon, a przy wydechu będzie również powoli uchodzić z niego powietrze.

Skupienie na oddechu wspiera także praktykę medytacyjną i pomaga uzyskać błogi stan spokoju, tak pożądany przez nasze komórki. „W przypadku oceanu wystarczy zejść trzy do sześciu metrów w głąb wody, a już czuć tylko delikatne falowanie. Panuje tam spokój, nawet przy wzburzonej powierzchni. Podobnie dzieje się, kiedy skupiamy się na oddychaniu w brzuchu, wsłuchujemy się w tę część ciała, która znajduje się poniżej wzburzonego, zajętego myśleniem umysłu, i jest spokojniejsza. To cenny sposób odzyskania wewnętrznego spokoju i równowagi mimo emocjonalnego rozchwiania lub w sytuacji, kiedy mamy dużo na głowie"[12] – zaznacza Jon Kabat-Zinn, który swój ośmiotygodniowy program redukcji stresu opiera na świadomym oddychaniu i medytacji.

[12] J. Kabat-Zinn, *Życie piękna katastrofa*, wyd. Czarna Owca, Warszawa 2012, s. 280.

Wskazówki wspomagające świadome oddychanie

- Kilka razy dziennie skup uwagę na brzuchu, czuj, jak delikatnie się podnosi albo rozszerza w trakcie wdechu i opada lub kurczy się w czasie wydechu.
- Gdy skupiasz się na oddychaniu, śledź drogę powietrza do wnętrza organizmu przez całą długość wdechu i całą jego drogę powrotną z każdym wydechem.
- Gdy w trakcie oddychania zauważysz, że umysł przestaje skupiać się na procesie, zaobserwuj, co cię od niego oderwało, a następnie powróć do praktyki.
- Powietrze wdychaj nosem, który pełni kluczową rolę w procesie oddychania. Przypomina szyjkę butelki, jest miejscem, gdzie prąd powietrza jest najbardziej skupiony, to w nim zachodzi proces filtracji i ogrzewania powietrza, które następnie transportowane jest do płuc.

Zestaw dobrych praktyk dla twojego układu mięśniowo-szkieletowego

- Rozpocznij dzień od gimnastyki. Opracuj swój własny zestaw odpowiedni do poziomu zaawansowania i sprawności twojego ciała. Pamiętaj, że niekontrolowany wysiłek może również uczynić wiele szkód: obciążyć układ szkieletowy, zamiast wspomóc jego pracę.
- Wprowadź nie tylko ćwiczenia siłowe i kondycyjne, ale również jogę, która rozciąga i rozluźnia mięśnie.

- Jeśli dużo pracujesz na siedząco, zadbaj o odpowiednią pozycję. Tomek na przykład pracował na poduszce medytacyjnej w siadzie japońskim (nawet na wydarzeniach Projektu Egoistka na scenie siedział na poduszce Zafu). To gwarantuje zachowanie prostej pozycji ciała i zwiększa koncentrację.
- Rób częste przerwy w pracy na kilkuminutową sesję ruchową (w szkole była kiedyś gimnastyka śródlekcyjna i uważam, że ten zwyczaj powinien pojawić się również w miejscach pracy).
- Zrezygnuj z codziennego chodzenia w butach na obcasie. Mówię to z bólem serca, gdyż zawsze byłam fanką szpilek. Jednak od czasu, gdy zobaczyłam pouczająca ilustrację fizjoterapeutyczną, co dzieje się z naszym kręgosłupem, gdy maszerujemy na obcasach, szpilki wkładam okazjonalnie. Odpowiednio dobrane obuwie jest bardzo ważne nie tylko dla kręgosłupa, ale też dla innych organów. W stopie znajdują się receptory wszystkich narządów. Jeśli np. buty przez osiem godzin uciskają duży palec twojej stopy, to na własne życzenie fundujesz sobie ból głowy! Wiem, bo to przetestowałam na sobie. Dodatkowo od ułożenia stopy zależy nie tylko kondycja naszego szkieletu i powięzi, ale również układ organów wewnętrznych.

... gdy jesteś w ruchu

Ruch to najskuteczniejszy antydepresant. Badania prowadzone na Uniwersytecie Duke'a wykazały, że u pacjentów z depresją między 50. a 77. rokiem życia zwykły trzydziestominutowy szybki marsz, uprawiany trzy razy w tygodniu, po upływie czterech miesięcy wywoływał taki sam skutek, jak zażywanie leku antydepresyjnego[13].

Pamiętam, jak w trakcie mojego wyjazdu sylwestrowego do aśramu Sri Sri Raviego Shankara w Bad Antogast poznałam pewnego mężczyznę koło pięćdziesiątki. Był bardzo sprawny i wysportowany. Powiedział mi, że biega w maratonach i pokonuje bardzo trudne dystanse wysokogórskie. Zaciekawiło mnie, skąd u niego taka pasja. Odpowiedział, że dziesięć lat temu zachorował na raka, w tym czasie rozpadło się również jego małżeństwo, co było dla niego głębokim szokiem – spędzili z żoną ponad dwadzieścia lat i mieli dwójkę dzieci. Gdy dowiedział się, że ma raka, akurat był na wyjeździe wakacyjnym nad morzem. Nie wie dlaczego, ale wraz z przykrą diagnozą, otrzymał silny impuls, by biegać po plaży. Biegał codziennie rano kilkukilometrowe dystanse. Dodatkowo postanowił, że zrobi sobie kontrolowaną głodówkę – pomysł ten skonsultował ze znanym naturoterapeutą, który pomógł mu przeprowadzić ten proces. Po dwóch miesiącach poszedł na badania kontrolne i okazało się, że guz zniknął. Lekarz oczywiście twierdził, że pierwsze badania musiały być błędnie wykonane. Od tego czasu mój znajomy biega i stało się to jego największą życiową pasją. Co ciekawe, od chwili, gdy zniknął jego guz, więcej nie zachorował.

---

[13] Na badania te powołuje się D. Servan-Schreiber w: *Zdrowiej! Pokonaj lęk, stres i depresję*, wyd. Albatros, Warszawa 2010, s. 173.

Czy to, co go spotkało, można nazwać cudem?

Moim zdaniem, zostały uruchomione zdolności uzdrawiające organizmu. Wiemy już przecież, że guz pojawia się wtedy, gdy w ciele nagromadzają się toksyny. Intensywne bieganie spowodowało usunięcie toksyn, głodówka dała pewność, że nowe toksyny w ciele się nie pojawią, a dodatkowo na poziomie energetycznym organizm mógł całą energię skierować na proces uzdrawiania, zamiast na proces metaboliczny. Intensywny ruch wzmaga układ odpornościowy, pobudza układ krążenia i co najważniejsze – dotlenia organizm. A jak już wiemy, komórki nowotworowe pojawiają się w środowisku beztlenowym. Z tego samego powodu w leczeniu nowotworów skuteczne są techniki oddechowe (pranajamy) czy ozonoterapia, która dotlenia komórki.

MÓJ SPOSÓB NA WYSOKI POZIOM ŻYCIOWEJ ENERGII?

SZCZĘŚLIWE KOMÓRKI!

... gdy masz pozytywne nastawienie

Mówiąc krótko, możemy zmienić każdy nawyk myślowy, wyuczony schemat reakcji emocjonalnych, zestaw przekonań, słowem – cały nasz światopogląd może się przebudować jeśli tylko wyrazimy wolę, by to uczynić.

Dr Martin Seligman – jeden z bardziej wpływowych psychologów XX wieku, twórca pojęcia „psychologii pozytywnej" – zauważa, że to nie świat jako taki zwiększa w nas ryzyko zachorowania, lecz raczej my sami przez to, jak interpretujemy to, co się nam przytrafia. Nasze nastawienie pełni kluczową rolę dla stanu naszego organizmu. Seligman zaobserwował, że część ludzi lepiej radzi sobie z wyzwaniami codzienności, a także ze stresującymi wydarzeniami. Charakteryzuje ich widzenie wszelkich zdarzeń życiowych jako ograniczonych w czasie i zmiennych. Skupiają się na konkretnych konsekwencjach czy skutkach pojedynczych zdarzeń i nie tworzą projekcji, a także uogólnień, niepotrzebnie wyolbrzymiając sytuacje, „nie czynią z życia dramatu" – jak często z Tomkiem zwykliśmy mawiać.

Jak się zapewne domyślasz, druga grupa to osoby, które zamiast szukać konstruktywnych rozwiązań – szukają winnych lub też sami obwiniają się o złe zdarzenia. Są przekonani, że skutki tego, co się wydarzyło, będą długotrwałe i wpłyną też na inne aspekty ich życia. Parafrazując Osho, należałoby powiedzieć, „rozdymają muchy do rozmiarów słonia". Zapewne ciekawi cię, od czego zależy, którą postawę życiową przyjmujemy. Być może sądzisz, że dziedziczymy ją w genach – często słyszę taką wymówkę na warsztatach. Niektórzy twierdzą, że nastawienia uczymy się w procesie wychowania – ci są bliżej prawdy. Nasze podejście do życiowych wyzwań, to czy zauważymy szklankę do połowy pustą, czy do połowy pełną, jest niczym więcej, jak nawykiem w umyśle! Zrodził się on w wyniku automatycznych reakcji na życiowe sytuacje, a utrwalił w wyniku codziennego powielania.

Wiemy, że każdy z nas ma własne (często ograniczające!) schematy myślenia i odczuwania. Pytanie jednak: czy musimy się do nich redukować? Zastanów się przez chwilę, czy faktycznie jesteś swoimi myślami, czy może kimś więcej? Zgodzisz się ze mną, że skoro jesteś w stanie pomyśleć o swojej myśli, to znak, że jest ktoś, kto te myśli produkuje. A skoro tak jest, to ten „ktoś" może produkować dowolne myśli, dla przykładu wspierające.

Liczne przykłady transformacji ludzkich osobowości, które miałam przyjemność widzieć w trakcie kursów Projektu Egoistka, wnikliwa obserwacja własnego umysłu, a także przypadki opisane w literaturze przez terapeutów, psychiatrów i psychologów dowodzą, że mózg jest neuroplastyczny, a umysł ma wielki potencjał rozwoju. Mówiąc krótko, możemy zmienić każdy nawyk myślowy, wyuczony schemat reakcji emocjonalnych, zestaw przekonań, słowem – cały nasz światopogląd może się przebudować – jeśli tylko wyrazimy wolę, by to uczynić.

Oczywiście jest to proces rozłożony w czasie, często to program na całe życie. Rozwój, dojrzewanie, poszerzanie świadomości – jakkolwiek to nazwiemy – jest procesem zmiany „wewnętrznego oprogramowania", które pociąga za sobą nowy sposób wiedzenia świata. Gdy spoglądam dzisiaj na siebie sprzed lat, widzę niezwykłą przemianę, która wydarzyła się w wyniku konfrontacji z trudnymi życiowo sytuacjami. Nie tylko zmieniły się moje reakcje i zachowania – jest w nich obecnie znacznie więcej spokoju, cierpliwości, akceptacji; zmienił się również diametralnie mój sposób postrzegania życiowych sytuacji i mojej w nich roli. Obserwowałam również wielką przemianę Tomka, który ze sceptyka-racjonalisty stał się uduchowionym nauczycielem. Nasza transformacja nie była przypadkowa, wydarzyła się w wyniku świadomego treningu uważnej obserwacji, a także twórczego reagowania na to, co podsuwało nam życie. Jak zauważa Jon Kabat-Zinn: „Wysoką gotowością do wyzwań charakteryzują się ci, którzy uważają zmiany za naturalną część życia dającą szansę na dalszy rozwój. Ten pogląd pozwala odpornym na stres postrzegać nowe sytuacje raczej jako szanse niż zagrożenia (tak zwykle postrzegają je ludzie, którzy nie są skłonni traktować życia jako wiecznego wyzwania)”[14].

> Nasze schematy myślowe stoją za motywacją do robienia różnych rzeczy i dokonywania wyborów. Wpływają na to, jak bardzo wierzymy, że jesteśmy w stanie coś osiągnąć. Są trzonem naszych przekonań o świecie, tego, co wiemy o jego działaniu i naszym w nim miejscu.
>
> Jon Kabat-Zinn

[14] J. Kabat-Zinn, *Życie piękna katastrofa*, wyd. Czarna Owca, Warszawa 2012, s. 290.

Istota pozytywnego nastawienia

JA

Kiedy zaczniemy ćwiczyć skupianie uwagi na pracy mózgu, często odkrywamy ze zdziwieniem, że stale osądzamy własne doświadczenia. Niemal wszystkiemu, co widzimy, umysł nadaje odrębną etykietę i kategorię.

Jon Kabat-Zinn

Po pierwsze, **nie osądzaj.**

Niestety, każda ocena pociąga za sobą mechaniczną reakcję w postaci emocji, które zaburzają nasz odbiór rzeczywistości. Stanowią rodzaj filtra, przez który obserwujemy świat. Pierwszym krokiem, by zbudować nowe nastawienie, jest zaobserwowanie własnych osądów i utrzymywanie wobec nich postawy „bezstronnego świadka". Trening ten rozpoczynaj już o poranku. Zaobserwuj proszę, jaka myśl pojawia się jako pierwsza w twojej głowie. Jeśli zauważysz, że od świtu narzekasz, oceniasz i osądzasz, zamień ten nawyk na nowy, który będzie cię wspierał. Niech myślą, która pojawi się o świcie, będzie wdzięczność.

Po drugie, **bądź cierpliwy.**

To niezwykłe, jak często niecierpliwimy się wobec własnych stanów czy też sytuacji, w której się znaleźliśmy. Produkujemy wtedy całą masę pretensji, destrukcyjnych emocji oraz projekcji. Najczęściej poza utratą życiowej energii ten proceder nic nie wnosi do naszego życia. Czy nie prościej pozwolić sobie na te doświadczenia? Po co przyśpieszać pewne chwile? – nasuwa się pytanie.

Ponieważ wydaje nam się, że w ten sposób zbliżymy się do tych „lepszych". Przypomina to sytuację, w której dziecko zasadziło nasionko w doniczce i następnego dnia idzie sprawdzić, czy wyrosło drzewko. Gdy odkrywa, że doniczka nadal jest pusta, zawiedzione wykopuje nasionko i wyrzuca, nie dając mu szansy, by mogło zakiełkować i dojrzeć. Każdy dorosły rozumie, że aby nasionko wypuściło pędy, potrzeba czasu, cierpliwości i zabiegów pielęgnacyjnych. Wszystko ma swój czas, pewnych procesów nie da się (i co ważne, nie warto) przyśpieszać. Pamiętaj, że obecnie doświadczasz skutków decyzji, które podjęłaś w przeszłości. Jeśli postanowiłaś dokonać zmiany w swoim życiu i zaczęłaś świadomie podejmować nowe decyzje, to potrzeba czasu, nim rzeczywistość się „przeprogramuje". Możesz więc rozluźnić się i spokojnie obserwować, jak zmienia się twoje otoczenie, ludzie, z którymi masz relacje, a także jak w tym wszystkim zachowuje się twój umysł. To wspaniała lekcja cierpliwości. Pamiętaj, że często czas jest potrzebny do tego, byśmy dojrzeli do nowej rzeczywistości. Zamiast więc narzekać i frustrować się, bądź wdzięczna za to, że go dostałaś. Ja jestem wdzięczna, że miałam czas, aby dojrzeć do tego, co mnie czekało, że zdążyłam rozwinąć akceptację, zbudować wewnętrzną siłę, poznać techniki pracy z emocjami, nim stanęłam przed życiowym wyzwaniem, którym była choroba i śmierć Tomka.

Cierpliwość to rodzaj mądrości. Dowodzi, że rozumiemy i akceptujemy fakt, iż czasami sprawy muszą się rozwijać we własnym tempie.

Jon Kabat-Zinn

Przestajesz stawiać opór życiu i walczyć w chwili, w której pojmujesz, że każde doświadczenie to cenna lekcja, która rozwija naszą

Życie to najlepszy nauczyciel

mądrość

Otwarty, świeży umysł pozwala nam dostrzegać nowe możliwości i nie daje nam utknąć w koleinach własnego doświadczenia, które często wydaje nam się większe, niż jest w rzeczywistości.

Jon Kabat-Zinn

Po trzecie, **bądź otwarty.**

Przestajesz stawiać opór życiu i walczyć w chwili, gdy pojmujesz, że każde doświadczenie to cenna lekcja, która rozwija naszą mądrość, pewność, zaufanie, akceptację itd. Właśnie w tym celu życie stwarza nam wyzwania, których sprostanie buduje naszą wewnętrzną moc, daje nam poczucie sprawczości i wiarę we własny sukces. „Mocna wiara we własny sukces niezależnie od tego, co chcesz zrobić, może wpłynąć na to, od czego zaczniesz, ile wysiłku włożysz w coś nowego i innego, zanim zdecydujesz się poddać, oraz jak stresujące będą próby kontrolowania ważnych obszarów życia"[15] – zauważa Jon Kabat-Zinn. Od dzisiaj otwieraj się na wszystko, co podsuwa ci rzeczywistość – każda chwila niesie ze sobą nowe możliwości i szanse.

[15] J. Kabat-Zinn, *Życie piękna katastrofa*, wyd. Czarna Owca, Warszawa 2012, s. 291.

O wiele lepiej zaufać własnej intuicji i własnemu autorytetowi - nawet jeśli po drodze popełnisz jakieś "pomyłki", niż zawsze oglądać się na kogoś innego.

Jon Kabat-Zinn

Po czwarte, **ufaj.**

Nie możesz rozwinąć życiowej mądrości, nie podejmując samodzielnych prób. Czy zgodzisz się ze mną, że gdy jesteś głodny, nie napełnisz żołądka, obserwując kogoś, kto zjada kanapkę? Podobnie nie możesz zdobyć życiowego doświadczenia, obserwując innych, którzy podejmują próby. Potrzebne jest twoje zaangażowanie i twoje własne upadki. To one są najcenniejszą informacją i pozwalają ci korygować życiowy kurs. Zaufaj własnej intuicji, własnym uczuciom i sygnałom płynącym z ciała, są one zawsze cenniejszą wskazówką niż porady innych ludzi. Zawsze powtarzam, że jedynym ekspertem w twojej sprawie jesteś ty sama! Nikt nie ma dostępu do twoich myśli, emocji, pragnień, ponieważ znajdują się one w twoim wnętrzu. A jak do tej pory nauka nie odkryła sposobu na to, by zbadać zawartość umysłu czy serca. To, co widać na zewnątrz, a nawet za pośrednictwem aparatury medycznej czy naukowej, to tylko symptomy. Zastanówmy się, czy ktokolwiek, kiedykolwiek widział myśl innego człowieka? Nie. Wyłącznie aktywność neuronów. A czy może zaobserwowano emocję? Nie. Wyłącznie jej przejaw w formie zachowania czy reakcji fizjologicznej. Jeśli chcesz podejmować mądre wybory (czyli takie, które ciebie rozwiną), jedyną sensowną decyzją jest przekierowanie uwagi do swojego wnętrza i systematyczna obserwacja jego zawartości. Wsłuchaj się w głos swojego wewnętrznego nauczyciela, masz w sobie *dajmoniona*, który może cię poprowadzić. Zaufaj mu tak, jak czynił to Sokrates.

Zaufaj własnej intuicji, własnym uczuciom i sygnałom płynącym z ciała, są one zawsze cenniejszą wskazówką niż porady innych ludzi.

Zawsze powtarzam, że jedynym ekspertem w twojej sprawie jesteś

TY SAM.

Nie ma innego celu poza tym, by być samym sobą. Jak na ironię - już jesteś sobą.
Jon Kabat-Zinn

Po piąte, **odpuść sobie i akceptuj.**

Podobno myśliwi na Borneo wpadli na sprytny sposób łapania małp. Polega on na tym, że wycinają w łupinie po orzechu koksowym na tyle duży otwór, by małpa mogła włożyć przez niego rękę. Następnie wkładają do środka banana i przywiązują skorupę do pnia drzewa. Czekają w ukryciu na małpę, która zwabiona orzechem podchodzi i sięga po banana. I w tej chwili zwierzę wpada w pułapkę. Bowiem dziura jest na tyle duża, że da się włożyć przez nią otwartą rękę, lecz za mała, żeby wyjąć z niej zaciśniętą pięść. Aby się uwolnić, małpa musiałaby wypuścić banana! Jednak zwierzę żadną miarą nie chce tego zrobić...

Czy to nie przypomina ci sytuacji, w której kurczowo łapiesz się pomysłu na to, jak powinno wyglądać twoje życie, kim powinnaś być, co powinnaś robić. Mimo że już dawno zostałaś złapana w pułapkę oczekiwań, rozczarowań i przywiązań, nie chcesz puścić tych myśli. Nasz umysł wciąż lgnie do wyobrażeń o przyszłości lub przeszłości, do wspomnień, planów, ograniczając naszą percepcję czy swobodę działania. Odpuszczenie sobie, pozwolenie, by rzeczy były takimi, jakie są, obserwacja tendencji swojego umysłu to droga do wolności. Niektórzy mylnie sądzą, że oznacza bierność i przyjmowanie strategii „zdechłego psa w nurcie rzeki" – jak często określał ją Tomek. Absolutnie nie! Wyłącznie chodzi o to, by widzieć rzeczy, jakimi są, i nie zakłamywać rzeczywistości. I żeby się rozluźnić. „Odpuszczenie nie jest dla nas zupełnie obcym doświadczeniem. Robimy to co wieczór, kiedy idziemy spać. Kładziemy się na miękkiej powierzchni, gasimy światła, zapada cisza, a wtedy nasze ciała i umysły odpuszczają sobie. Jeśli tego nie zrobimy, nie zaśniemy"[16].

---

[16] Tamże, s. 292.

AAA...
WRRR...
SKALSKA
ZAMIAST WALCZYĆ Z ŻYCIEM, STOSUJ
MĄDRĄ AKCEPTACJĘ

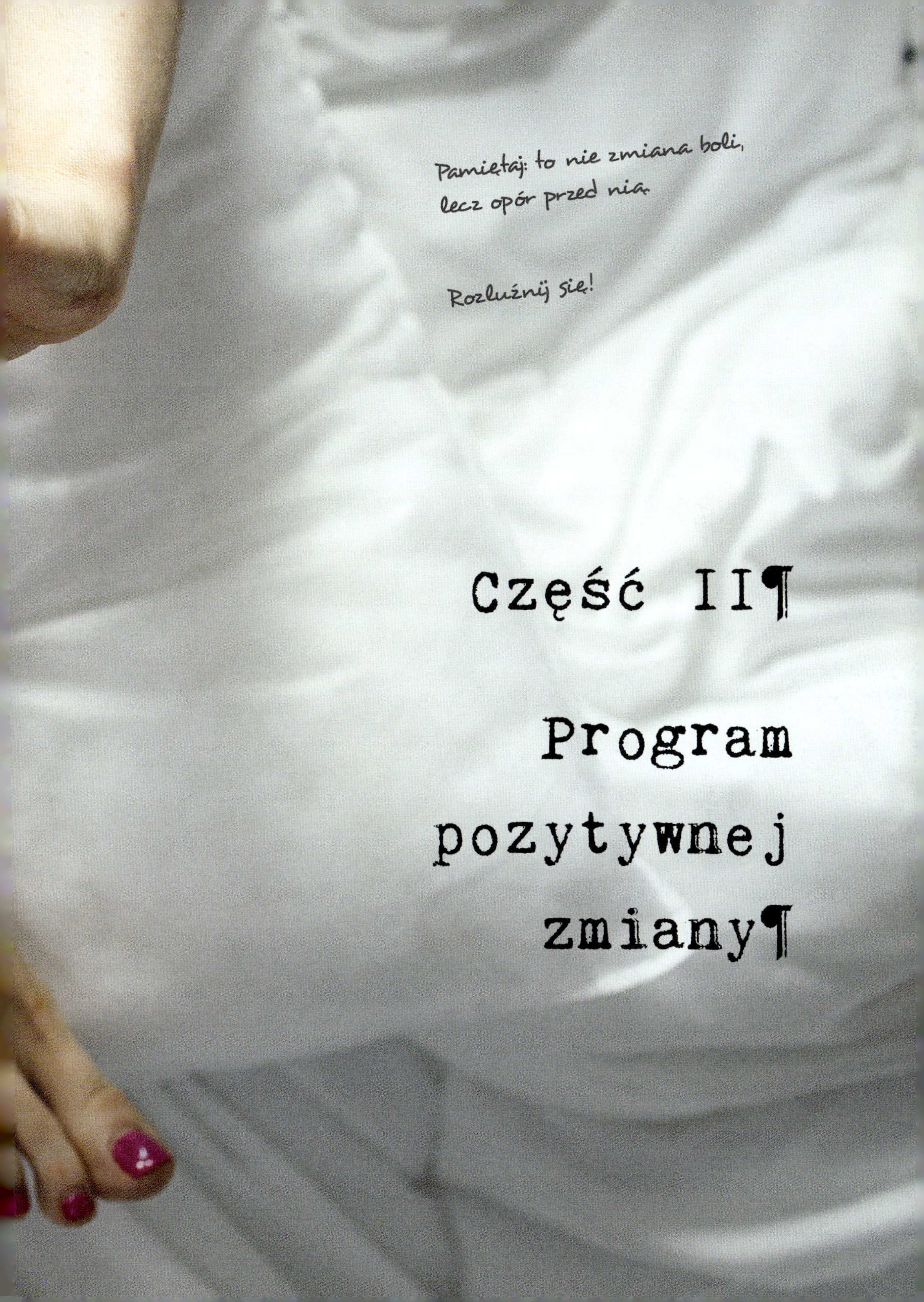

Pamiętaj: to nie zmiana boli, lecz opór przed nią.

Rozluźnij się!

Część II¶

Program pozytywnej zmiany¶

Czy oczyszczanie to nowa moda,
czy może raczej znana od wieków
dobra praktyka?

W jakim celu stosuje się oczyszczanie?

Jak przeprowadzić detoks?

Na początku pojawiło się wiele pytań,
zaczęłam zatem poszukiwać
odpowiedzi.
To, co znalazłam,
było dla mnie wystarczająco
przekonujące.

KROK 1

zmiana odżywiania zaczyna się od zmiany nastawienia¶

Przecież jedna kawa nie zaszkodzi...

Jestem uzależniona od kawy, choć szukam wciąż zdrowszych zamienników. Mój tata jest uzależniony od ziemniaków, ale dzielnie z tym uzależnieniem walczy. Moja siostra jest uzależniona od chleba, mimo że codziennie szuka innej możliwości. A ty od czego jesteś uzależniona?

Niestety, z wieloma produktami łączy nas głęboki związek emocjonalny. Przez lata zżyliśmy się z nimi i dlatego „rozwód" może być bardzo bolesny. Musimy jednak przyjąć do wiadomości, że w większości przypadków jest to związek szkodliwy i jeśli nie uwolnimy się od niego – ucierpimy na tym. Najdotkliwiej odczuje to nasz układ trawienny, ale nie tylko, również nerki, mózg, płyny ustrojowe. Detoks to jeden z bardziej skutecznych sposobów na to, aby przerwać ten toksyczny związek.

Od dzisiaj zaczynam się zdrowo odżywiać!

To kolejny powód, żeby zastosować detoks. Wspaniale, że postanowiłaś zdrowo się odżywiać, jednak czy pomyślałaś, co dzieje się z pozostałościami po twoich dawnych nawykach żywieniowych? Czy sądzisz, że z chwilą, gdy ty zdecydowałaś się zmienić sposób odżywiania – one znikną jak za dotknięciem magicznej różdżki? Nie liczyłabym na to. Przez lata odłożyły się w przewodzie pokarmowym w formie złogów i pozostaną tam, póki się ich nie pozbędziesz.

Jeśli naprawdę chcesz odczuć skutki nowej diety, zacznij od oczyszczenia organizmu. Można je wykonać na wiele sposobów i nie musisz wcale stosować tak drastycznych metod jak jogini. Dla wyjaśnienia: jogini czyszczą regularnie przewód pokarmowy, połykając bandaż i wyciągając go z drugiej strony ciała...

Ty jednak nie musisz połykać bandaża. Uff... pewnie odetchnęłaś teraz z ulgą? Co więc masz robić? Może, jak chcą zachodni specjaliści, powinnaś udać się na mechaniczne oczyszczenie okrężnicy? A może przez tydzień wypijać szklankami olej lub zastosować jonowe oczyszczanie organizmu przez kąpiele wodne stóp...? Otóż nie! Proponuję ci jedynie zamianę pewnych produktów i siedmiodniowy detoks. Cudowna wiadomość, prawda?

Nie wyobrażam sobie śniadania bez...

...chleba z masłem, serem i miodem – powiedziała moja przyjaciółka, gdy zachęcałam ją do detoksu. Nie wyobrażam sobie życia bez chleba, cukru, kawy, czekolady, ziemniaków, mięsa, papryczki chili itd. Lista jest długa i zależna od upodobań. Niestety, ów brak wyobraźni okazuje się największą barierą w zmianie nawyków żywieniowych. Aby przestawić się na zdrową dietę, trzeba mieć swobodę, bogatą wyobraźnię i sporo determinacji. Trzeba przyjąć, że na śniadanie można zjeść kaszę jaglaną i że poza schabowym z ziemniakami istnieje jeszcze cała gama potraw obiadowych.

Kasia tłumaczy...

Śluzówka kosmków jelitowych jest tak ważna dla wchłaniania, że odnawia się co trzy dni, więc w zaułkach jelit co najwyżej mogą "zawiesić" się niestrawione resztki pożywienia. Jednak prawdziwą papką, która jest w stanie całkowicie zaklajstrować śluzówkę, są silnie przetworzone węglowodany, np. o zgrozo pochodzące z zamrażanego chleba czy ciasta. Dziś chleb jest często robiony z gotowych mrożonych mieszanek zawierających różne ulepszacze, żeby było szybko i tanio. Są to np. środki przeciw pleśni, dodatkowy gluten, żeby chleb się nie kruszył, dodatek ułatwiający tworzenie chrupiącej skórki itp. Jeśli ciasto nie leżakuje (jak kiedyś) przez noc, nie rozkładają się phytyny, które powodują podrażnienia jelit. Dotyczy to zwłaszcza pieczywa z pełnego ziarna. I tak chleb, zamiast odżywiać, zamula nam jelita.

Zapewniam, że skutki tej kreatywności przyjemnie cię zaskoczą:

1. Poczujesz się lekko.
2. Poprawi się kondycja skóry, włosów i paznokci.
3. Nastąpi przypływ nowej energii i sił witalnych.
4. Poczujesz, że masz większą kontrolę nad swoimi emocjami i zredukujesz poziom stresu.
5. Schudniesz już po pierwszych siedmiu dniach.
6. Przestaniesz czuć pociąg do słodyczy.
7. Poprawi ci się samopoczucie i dzięki temu stosunki z otoczeniem.
8. Wyrobisz w sobie dobre nawyki żywieniowe.
9. Nauczysz się gotowania wielu fantazyjnych potraw.
10. Gdy odkwasisz organizm, ustąpią bóle żołądka, jelit, mięśni czy głowy.

Pozbywam się zastoju umysłowego i fizycznego

Detoks może być stosowany jako panaceum na zastój, który często odczuwamy zarówno na poziomie fizycznym – osłabienie organizmu, brak energii, zmęczenie, słaby apetyt – jak i na poziomach umysłowym i duchowym. Powszechne jest praktykowanie postów przed medytacyjnymi odosobnieniami. Nie bez przyczyny Chrystus na pustyni pościł przez czterdzieści dni, a jogini czy wschodni mistrzowie regularnie udają się na posty. Chyba zgodzisz się ze mną, że trudno o wewnętrzną przestrzeń dla medytacji czy nawet dla twórczego myślenia, gdy cała energia koncentruje się na strawieniu tłustego udka czy jajecznicy na boczku. Nie znam przypadku, aby ktoś doznał oświecenia podczas biesiady przy suto zastawionym stole. Jeśli więc myślisz o rozwoju duchowym, konieczne jest oczyszczenie ciała.

Tak, ale...

...nie stać **mnie na to**

– Po co mam kupować jaja za złotówkę, skoro mogę za pięćdziesiąt groszy? Gdy zostanę milionerem, będę kupować te produkty, na razie mnie nie stać – odparł mój znajomy.

MÓJ ZNAJOMY

A czy stać cię na lekarzy? Na drogie leki, gdy podupadniesz na zdrowiu? Pomyśl, że z tego, co zjadasz, budują się twoje kości, twoja krew, komórki narządów wewnętrznych. To, co jesz, zasila twój mózg. Jak chcesz mieć piękne ciało, twórczy umysł, skoro karmisz je najtańszymi i przetworzonymi produktami?

– A co, jeśli naprawdę nie mam pieniędzy na ekologiczne produkty i zakupy w sklepach ze zdrową żywnością?

CZYTELNICZ

Nie kupuj ich, przygotuj je sama w domu. Kup wiejskie mleko i zrób ser, upiecz sama chleb, zrób dżemy w sezonie, gdy owoce są tańsze. Wspólnie z moją mamą znalazłyśmy na bazarach i targach zaufanych dostawców, u których się teraz zawsze zaopatrujemy. Wymaga to na początku więcej czasu, ale to inwestycja w siebie.

...nie wytrzymam **bez chleba**

A wytrzymujesz bez zupy z wodorostów? To kwestia przyzwyczajenia i smaku. Gdy upiekłam chlebek bananowy, zawiozłam go mojej siostrze Magdalenie, żeby spróbowała.

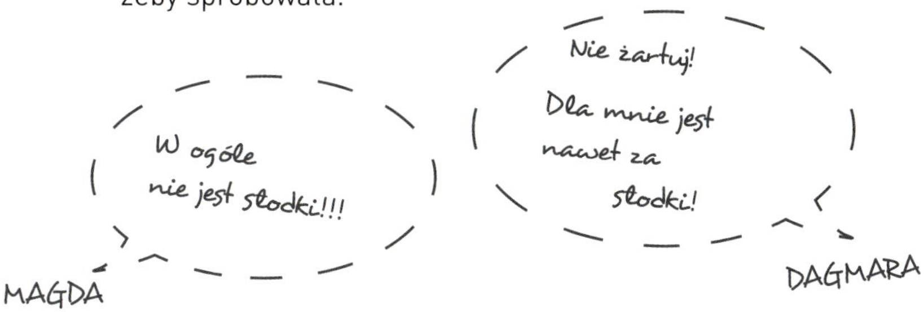

Smaki się zmieniają. Gdy zaczniesz jeść pełnowartościowe produkty, wyeliminujesz biały cukier, a zamiast pszenicy będziesz jadła kaszę jaglaną, poczujesz nową jakość smaku. Wszystko stanie się wyrazistsze, potrawy nabiorą nowego kolorytu. Nie żałuj czegoś, co smakowało ci w przeszłości, bo nie wiesz, czy w przyszłości również będziesz za tym szalała... Z upływem czasu, gdy zaczniesz zmieniać swój styl życia, zmienią się też twoje kulinarne upodobania. Odkąd przeszłyśmy z mamą i Magdaleną na dietę, wciąż dzwonimy do siebie, podekscytowane tym, co nowego ugotowałyśmy. Dzielimy się pomysłami. To prawdziwa magia, bo dzięki diecie uzdrowiłam nie tylko swoje ciało, ale również relacje z moją siostrą. Przez sześć lat nie potrafiłyśmy ze sobą rozmawiać – podzieliły nas poglądy na świat. Dzisiaj połączyło nas gotowanie. Przez żołądek do serca – to przysłowie nabrało dla mnie nowego sensu.

...mam dzieci, **nie mam na to czasu**

Właśnie z uwagi na dzieci powinnaś zmienić dietę. Jeśli chcesz, żeby były zdrowe i miały energię oraz witalność. To ty jako mama kształcisz w nich nawyki żywieniowe, które w dużym stopniu będą determinowały ich późniejsze wybory. Zauważ, jak wiele mówi się o tym, że wychowanie to między innymi proces kształtowania odpowiednich wartości czy poczucia moralności u młodego człowieka. Cały system edukacji opiera się na tym, że uczymy się ładnie mówić, szybko liczyć, rozpoznawać zwierzęta czy kraje.

A gdzie nauka zdrowego jedzenia?

W domu.

Jeśli dziecko ma problemy z koncentracją uwagi albo jest apatyczne i ospałe, czy przyjdzie ci do głowy, że przyczyna tkwi w źle zbilansowanej diecie?

Na przykład nadmiar mięsa powoduje chroniczną ospałość i stany smutku. Mięso działa bowiem na podobnej zasadzie jak kawa, tytoń czy alkohol: silnie, ale na krótko pobudza. Nie jest tajemnicą, jaki wpływ mają te środki na nasz układ nerwowy – najpierw powodują stan euforii, ale zaraz potem następuje faza depresyjna. Podobnie, jeśli dieta oparta jest na pszenicy. Musisz mieć świadomość, że karmiąc w ten sposób swoje dziecko, codziennie je uzależniasz i podtruwasz. Przepraszam za sformułowanie, ale nie da się tego napisać inaczej. Pszenica w latach sześćdziesiątych i siedemdziesiątych została genetycznie zmodyfikowana na potrzeby przemysłowe i od tego czasu naukowcy głowią się nad przywróceniem pierwotnej liczby jej chromosomów – jak na razie, niestety, to się nie udało. Produkt, który spożywamy pod nazwą „pszenica" i który znajduje się w wielu artykułach żywnościowych w formie dodatków, jest silnie uzależniający, wywołuje skutki podobne jak opiaty, dlatego tak trudno wyeliminować go z diety. Zawiera niebezpieczną dla organizmu gliadynę, białko wchodzące w skład glutenu, które może zwiększać przepuszczanie przez jelita obcych białek i wywołać nieprawidłową reakcję immunologiczną. Gluten działa nie tylko na układ pokarmowy (dziecko może mieć biegunki, zaparcia, skurcze), ale również na mózg oraz układ nerwowy, przyczyniając się do umysłowego odrętwienia. Nadmiar pszenicy może wywołać stany zapalne w organizmie, nasilenie artretyzmu w kolanach i biodrach, a także bóle nadgarstków i dłoni. To, co piszę, nie jest odkryciem, wiedzę tę popularyzuje od dawna kardiolog William Davis – autor bestsellerowej książki *Dieta bez pszenicy*.

Chcesz zrobić miejsce **na nowe?**

Pożegnaj się **ze starym.**

Już jakiś czas temu zrozumiałam, że nasze ciało, nasz żołądek, nasze jelita to nie śmietnik. Dlatego „śmieciowe jedzenie" umieściłam tam, gdzie jego miejsce – w koszu – i ochoczo udałam się na poszukiwania zdrowych zamienników. Prześledziłam literaturę i rozmawiałam z ekspertami w dziedzinie żywienia, eksperymentowałam i szperałam na półkach ze zdrową żywnością oraz straganach na biotargach. Wreszcie skomponowałam listę stu produktów, które, moim zdaniem, wyczerpują wszystkie potrzebne w kuchni składniki (znajdziesz ją na końcu rozdziału). Nim jednak udasz się na zakupy, zacznij od posprzątania swojej kuchni, w której obowiązuje ta sama zasada co w życiu.

KROK 2

większa świadomość, lepsze produkty ¶

Czego pozbywamy się ze swojego jadłospisu bez poczucia straty?

Płatków śniadaniowych, a już w szczególności „zdrowych płatków śniadaniowych", mąki pszennej i kukurydzianej, gotowych chlebów, bułeczek, ciasteczek – wszystkiego, co zawiera w składzie pszenicę. Zatem również makaronu czy bułki tartej. Zupy w proszku, w kartonikach – wszystkich gotowych produktów typu „gotujemy, ale tak na niby". Wyrzucamy wszystkie przyprawy zawierające gluten, maggi, gotowe sosy do sałatek i kanapek. Wszystkie cudowne mieszanki przypraw typu „przyprawa do ryby", „przyprawa do ziemniaków", „przyprawa do kurczaka", „przyprawa do jajek". Batoniki oraz cukierki, biały cukier, słodkie soki, skrobię kukurydzianą. Oleje rafinowane, margaryny, mielone mięsa, kiełbasy i parówki. Sprawdzamy etykiety wszystkich niskotłuszczowych produktów: jogurtów, mleka, serów – czy w składzie mają mleko w proszku. Jeśli tak – do kosza.

– O Boże, nic mi nie zostanie!

Bez paniki, już za chwilę puste półki zapełnią się nowymi, pełnowartościowymi, nieprzetworzonymi produktami.

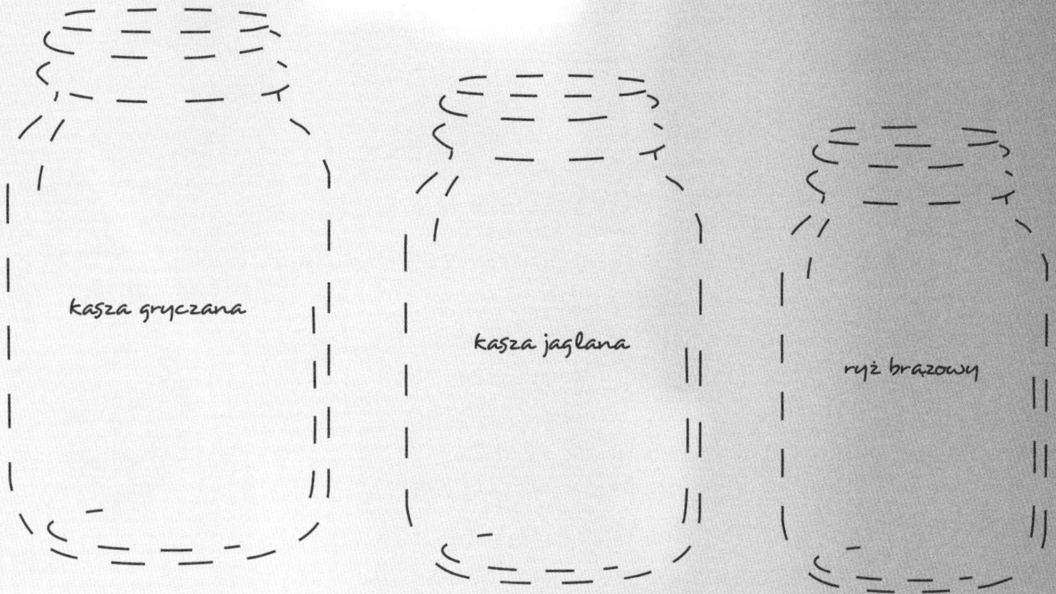

U mnie w szafce wszystko znajduje się w opisanych słoiczkach, a dzięki temu, że pozbyłam się masy produktów, których i tak nie używałam, a które z niewiadomych przyczyn tam zalegały, mam dużo więcej przestrzeni i swobody do komponowania potraw.

Co wprowadzamy do swojego jadłospisu z poczuciem radości?

Dlaczego w mojej kuchni rządzą kasze?

Kasza jaglana od jakiegoś już czasu stała się prawdziwą celebrytką kulinarnego świata – wszędzie o niej głośno. I słusznie, bo to królowa wszystkich kasz! A jak mawia jedna ze znanych gwiazd: „Królowa jest tylko jedna", kasza jaglana zatem (od dzisiaj) w twojej kuchni nie będzie miała konkurencji. Stanie się podstawą śniadań i obiadów. Nie martw się, że ci się znudzi – można ją przygotować dosłownie na setki sposobów: w formie zapiekanek, muffinek, kotletów, koktajli, ciast, klusek.

Kasza jaglana jest zasadotwórcza, lekkostrawna i bardzo odżywcza. Zawiera rzadko występującą w produktach spożywczych krzemionkę, mającą leczniczy wpływ na stawy. Zapewnia zdrowy wygląd skóry, włosów i paznokci oraz utrzymuje naczynia krwionośne w dobrym stanie, zapobiegając odkładaniu się w nich cholesterolu. Wpływa także na przemianę materii, ułatwiając odchudzanie. Zawiera dużo witamin z grupy B (tiamina – B1, ryboflawina – B2, pirydoksyna – B6 oraz kwas pantotenowy) oraz witaminę E. Obfituje w lecytynę, która poprawia pamięć i koncentrację, oraz w składniki mineralne, takie jak magnez, wapń, fosfor, potas, żelazo. Jest bogata w antyoksydanty, czyli substancje wychwytujące i neutralizujące wolne rodniki. Jednym słowem: samo zdrowie.

Obok wielkiego słoika z kaszą jaglaną na twojej półce powinien stanąć drugi słoik z kaszą gryczaną. U mnie obie kasze są zawsze pod ręką. Cenię grykę za to, że oczyszcza i wzmacnia jelita, a dodatkowo poprawia apetyt. Rutyna obecna w kaszy gryczanej wzmacnia i uszczelnia naczynia krwionośne i zmniejsza ciśnienie krwi. Po uprażeniu gryka staje się zasadotwórcza, jest źródłem chlorofilu, enzymów i witamin.

„Z czego ja będę piekła chleby i ciasta?" – nieznane mąki

Za sprawą Williama Davisa i jego książki „Dieta bez pszenicy" zapanowała moda na wyłączanie z diety pszenicy i produktów pochodnych zawierających gluten. Przyznam szczerze, że kiedy zaczynałam zmieniać swoje nawyki żywieniowe, również radykalnie wyłączyłam z diety gluten. Po kilku latach obserwacji siebie i czytania nowych publikacji, które ukazały się na ten temat, stwierdzam, że jeśli nie jesteśmy uczuleni na gluten, może w naszej kuchni z powodzeniem pojawić się orkisz. Jest on starym gatunkiem zboża, niemodyfikowanym z uwagi na jego mniejszą popularność i przemysłową użyteczność. O dobroczynnych skutkach orkiszu dla naszego organizmu wiele pisała przeorysza klasztoru Benedyktynek – Hildegarda z Bingen, znana w naszej kulturze jako wizjonerka i uzdrowicielka. *Orkisz prowadzi do dobrej krwi, daje rozluźniony charakter i cnotę zadowolenia* – uważała przeorysza. Orkisz działa rozgrzewająco i natłuszczająco, dlatego stosowany jest nie tylko w kuchni, również do kąpieli (łuski orkiszu). Ponieważ orkisz hoduje się i zbiera z nienaruszoną łupiną, jego ziarno jest chronione przed zanieczyszczeniami i zachowuje wysoką wartość odżywczą.

Pamiętam, że w czasie gdy ja testowałam bezglutenowe rodzaje mąk, sprawdzając, do czego się nadają, moja siostra testowała mąkę orkiszową. Ja odkryłam, że ciasta, babeczki czy naleśniki można upiec z mąki migdałowej, ryżowej czy kokosowej. Do tej drugiej przekonał mnie „Doktor Kokos", czyli Bruce Fife, autor książek o cudownych właściwościach owocu palmy kokosowej. Moja siostra zaś zmodyfikowała wiele rodzinnych przepisów (np. przepis na babciny biszkopt), zamieniając mąkę pszenną na orkiszową. W ten sposób wspólnymi siłami, eksperymentując, nauczyłyśmy się wykorzystywać te nieznane mąki. Ty także wypróbuj je w swojej kuchni. Postaram się nieco ułatwić ci to zadanie i opiszę, do czego ja je wykorzystuję.

Kasia tłumaczy…

Bądź uważna, gdyż z uwagi na wzrastającą popularność orkiszu zaczęto hodować dla podwyższenia plonów (o ironio!) jego krzyżówki ze współczesną pszenicą. Są sprzedawane nieświadomemu konsumentowi jako orkisz, choć nie mają już tych samych właściwości...

Mąka orkiszowa (zawiera gluten) – ma podobną strukturę do zwykłej pszennej, dlatego jest dla niej najprostszym zamiennikiem. Możesz jej używać do naleśników, ciast, pierogów, makaronów, a także do wypieków pieczywa. Moja siostra, która swoim przepisem na bułeczki orkiszowe podzieliła się w tej książce, sprowadza mąkę orkiszową prosto z zaprzyjaźnionego młyna w Bieczu. Dzięki temu jest pewna co do jakości swoich wypieków, te zaś cieszą się ogromnym powodzeniem wśród rodziny i przyjaciół. Możesz jednak mąkę orkiszową znaleźć na sklepowych półkach, jest coraz bardziej popularna.

Mąka migdałowa (bezglutenowa) — w sklepach ze zdrową żywnością spotkasz się z mąką migdałową ciemną, która powstaje ze zmielenia całych migdałów i jest sypka, oraz z mąką jasną, czyli zmielonymi blanszowanymi migdałami – ta ma bardziej oleistą strukturę. Ja do wypieków stosuję mąkę z całych migdałów – wprost cudnie pachnie orzechami, nadając aromat ciastom. Mąkę z migdałów blanszowanych lubię dodawać do naleśników oraz łączyć ją z mąką amarantusową. Razem dają efekt delikatnego i chrupkiego ciasta.

Mąka amarantusowa (bezglutenowa) — amarantus to „złoto" Inków. Szczególnie zalecany dla kobiet karmiących lub w ciąży, ale również dla dzieci i osób wykonujących ciężką pracę fizyczną. Często słyszę, że dla osób, które ciężko pracują, to mięso jest niezbędne. Być może cię zdziwię, ale amatantus zapewnia posiłek bogatszy w białka i aminokwasy niż mięso i inne produkty pochodzenia zwierzęcego. Ma podobne właściwości co komosa ryżowa. Amarantus w postaci mąki nadaje się jako dodatek do innych mąk, również zagęszczam nim sosy.

Mąka kokosowa (bezglutenowa) — oto mąka cud o wspaniałym kokosowym smaku. Zapewniam cię, że gdy tylko ją powąchasz, będziesz chciała zamknąć się w kuchni i wypiekać babeczki. Ale uważaj, ze względu na swoją higroskopijność ta mąka nie nadaje się jako zamiennik mąki pszennej. Pamiętam, jak skuszona zapachem, spróbowałam odrobinę tej mąki. Skutecznie zlepiła mi gardło i pochłonęła całą wilgoć z ust. Z ciastem zrobi to samo. Dlatego jeśli chciałabyś jej użyć, stosuj przepisy, które są jej dedykowane – wiele pomysłów znajdziesz w książce *Cud mąki kokosowej* dr. Bruce'a Fife'a.

Mąka ryżowa, jaglana i gryczana (bezglutenowa) — dodaję je do wszelkiego rodzaju kotlecików, chlebów, do klusek i kopytek, a także stosuję jako panierkę. Mąka jaglana ma gorzkawy smak, więc jeśli go nie lubisz, warto wymieszać ją z inną mąką.

Koniec monopolu ziemniaków – na talerze wkracza ryż

Kiedyś natknęłam się na chińską opowieść o mistrzu Hsu Yun, patriarsze zen, który wędrował przez góry. W czasie wędrówki co kilka minut wykonywał pokłony, dotykając kolanami, rękoma i głową ziemi. A ponieważ trwała śnieżna burza, wciąż był zasypywany przez śnieg. Czekałaby go pewna śmierć, gdyby nie bodhisattwa, który w cudowny sposób pojawiał się przed nim i podawał mu miskę brązowego ryżu. Brązowy ryż za każdym razem nie tylko podnosił mistrza z kolan, ale również na duchu. Dzięki temu Hsu Yun zachowywał moc na dalszą podróż. Ta opowieść niesie ważne przesłanie: aby spożywać pełnowartościowe produkty. Również pradawne japońskie przysłowie głosi: „Kto je ziarna bez ich łupin, staje się ubogi (fizycznie i duchowo) i pozbawiony odzienia", czyli naturalnej ochrony przed chorobami.

Starożytną mądrość Wschodu potwierdzają współczesne badania naukowe, z których wynika, że warstwa okrywająca ziarna brązowego ryżu, czyli otręby ryżowe, obniża poziom cukru we krwi i wykazuje silne działanie przeciwutleniające. Potwierdza to ciekawy eksperyment, który przytacza Paul Pitchford w swojej książce *Odżywianie dla zdrowia*. Sfermentowane otręby były podawane zwierzętom. Okazało się, że wspierały one witalność narządów wewnętrznych, a zwłaszcza nadnerczy, grasicy, śledziony i tarczycy, które zwiększyły swoją masę[17]. Piszę o tym, aby przekonać cię do używania ryżu nierafinowanego i zamienienia białego ryżu na brązowy, dziki lub czerwony.

---

[17] Więcej na temat właściwości brązowego ryżu znajdziesz u P. Pitchforda, *Odżywianie dla zdrowia*, Galaktyka 2011, s. 35–39.

Pamiętam, jak moja mama zadzwoniła do mnie, gdy zaczynaliśmy zmieniać swoje nawyki żywieniowe, i rzekła:

- Teraz rozumiem, dlaczego Tomek zalecał, by jeść tylko tyle, ile mieści się na dłoni, i wierzę w to, że jogini jedzą takie porcje!

- Tak? - spytałam z zaciekawieniem.

- Słuchaj, ten czarny ryż jest tak sycący, że zjedliśmy z tatą po małej miseczce i jesteśmy pełni!

Wyznanie mojej mamy potwierdza, że jedząc pełnowartościowe produkty, nasycamy się mniejszymi porcjami. Fakt, te produkty są droższe, ale zużywa się ich relatywnie mniej.

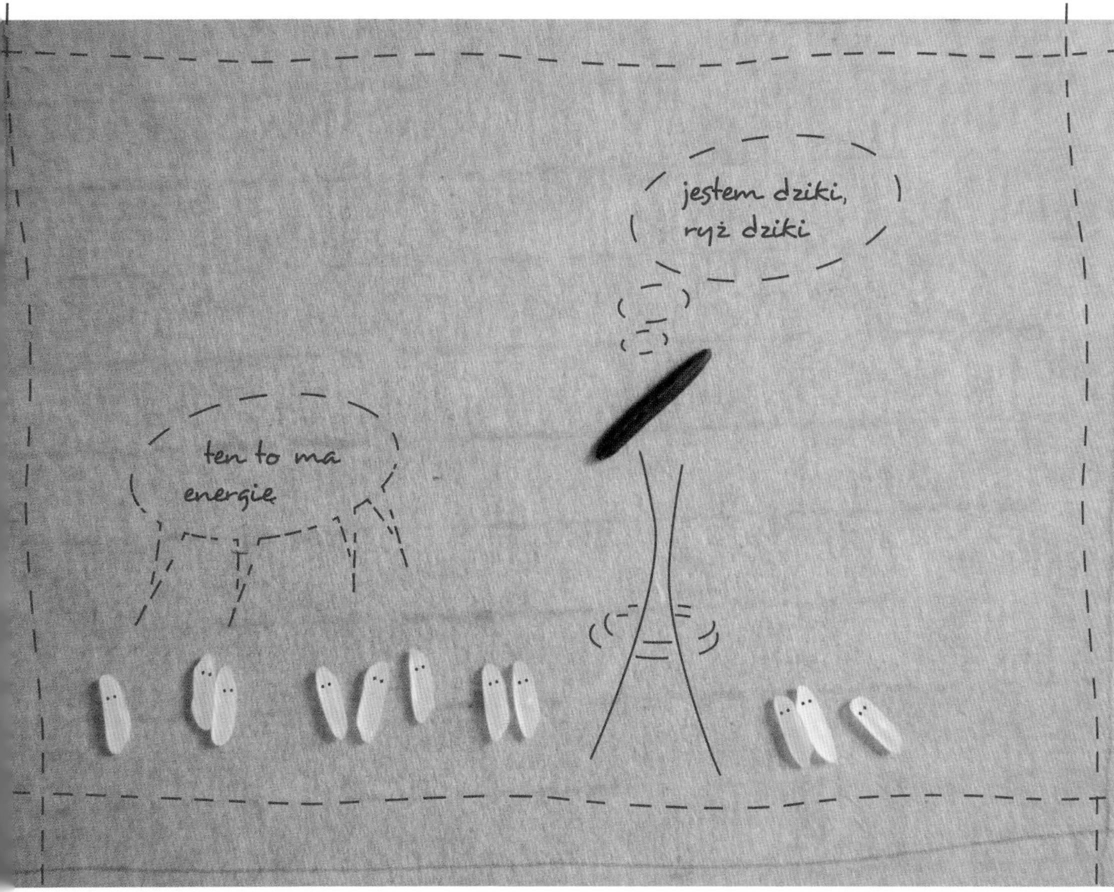

Strategia przetrwania
bez makaronu do spaghetti

Nasza przyjaciółka postanowiła wprowadzić dietę bez pszenicy w swoim domu i poinformowała o tym swoją czternastoletnią córkę.

– Wchodzisz w to? – zapytała sprytna nastolatka naszego przyjaciela, a swojego tatę, gdy tylko przekroczył próg domu.

– Ale w co? – zapytał, zaskoczony.

– No jak to? Od dzisiaj nie będziemy jeść spaghetti!

Nikolay, gdy tylko to usłyszał (a muszę zaznaczyć, że jest wybitnym międzynarodowym specjalistą od strategii) zaczął obmyślać plan awaryjny. Szybko uruchomili komputer w poszukiwaniu makaronu do spaghetti, który nie zawiera pszenicy. Gdy tylko znaleźli opcję rezerwową, odetchnęli z ulgą. A on odrzekł:

– Teraz w to wchodzę!

Słyszałaś o takim wynalazku jak makaron ryżowy? Nawet mój tata, który specjalizuje się w produkcji domowego makaronu, zaakceptował go jako zamiennik. Nie zastąpi on makaronu w prawdziwym włoskim spaghetti, ale może warto stworzyć nowy przepis na potrawę, która będzie równie smaczna?

Smażymy, ale nie dymimy – tłuszcze w twojej diecie

Gdy wybierasz tłuszcz do smażeni zwróć uwagę na to, by jego punkt dymienia był wysoki. Dla przykładu olej lniany nie nadaje się do podgrzewania, gdyż jego punkt dymienia jest zbyt niski. Oznacza to, że pod wpływem wysokiej temperatury, na skutek rozpadu, powstaj w nim szkodliwe związk które mogą mieć działanie rakotwórc (akroleina i akryloamid).

Do smażenia polecam więc:

- **Olej ryżowy 100 procent**

lub jeszcze zdrowsze:

- **Masło klarowane** (*ghee*), które pozbawione jest pochodzących z mleka substancji stałych. Klarowane masło ma cudowne właściwości: przyspiesza gojenie ran i żołądkowo-jelitowych stanów zapalnych, takich jak owrzodzenie czy zapalenie okrężnicy. Dodatkowo ma bardzo przyjemny maślany smak.
- **Olej kokosowy** – ja stosuję go zarówno do wypieków i smażenia, jak i jako balsam do ciała. Co prawda niektórym trudno się przyzwyczaić, że ten sam produkt może być przydatny jednocześnie w kuchnii w łazience (mąż mojej przyjaciółki, widząc ten specyfik obok wanny i kuchenki, mówi, że czuje się, jakby jadł mydło...). Jednak zapewniam, że bez oporów możesz używać go w kuchni.

Do sałatek zaś dodawaj:

- **Olej lniany** –
  ma specyficzny smak. Ja przemycam go w potrawach w postaci domowego majonezu.
- **Oliwę z oliwek** – doda śródziemnomorskiego charakteru każdej sałatce.

Dość wnikliwie zapoznałam
z tematem substancji słodzących
i zamienników dla cukru. Pamiętam jednak,
że na etapie ich testowania przydarzyła
mi się pewna wpadka...

Pewnego poranka pełna zapału upiekłam waniliowe babeczki,
które pięknie wyrosły i znakomicie smakowały. Nic więc dziwnego,
że moja rodzina (która również zmieniała wtedy nawyki
żywieniowe) pochłonęła całą blachę. Aż tu nagle niespodzianka.
Po kilku godzinach od zjedzenia wszyscy wylądowaliśmy w toalecie.
Z przerażeniem odkryłam, że przypadkiem wynalazłam babeczki...
na przeczyszczenie. Mogłabym nawet sprzedawać je w aptekach -
100 procent skuteczności.

A teraz najważniejsza informacja:
do wypieku dodałam sporą ilość cukru
brzozowego (ksylitolu) jako zamiennika
zwykłego cukru. Ksylitol ma również
właściwości przeczyszczające, gdy
organizm jest nieprzyzwyczajony
lub gdy zastosujemy go
w zbyt dużych ilościach.

Cukier krzepi?

Abyś nie popełniła podobnej kulinarnej gafy, poniżej zamieszczam opis słodzików, które są dopuszczalne w diecie:

- **Ksylitol** (cukier brzozowy) – to naturalny alkohol cukrowy. Wiem, o czym myślisz, ale uspokoję cię – nie da się nim upić. W małych ilościach wytwarza go nasz organizm podczas przemiany materii. Ksylitol działa bakteriobójczo, zapobiega próchnicy, hamuje rozwój bakterii w jamie ustnej.
- **Stewia** – rośnie w Ameryce Łacińskiej, ceniona z uwagi na swoje słodkie liście i kwiaty. Można kupić ją w sklepie ze zdrową żywnością w formie liści, płynu lub proszku. Trzeba jednak z nią uważać, jest bowiem trzydzieści razy słodsza od cukru. Stewia, choć tak słodka, jest niskokaloryczna, dlatego być może w przyszłości zdominuje rynek i zastąpi cukier. Możesz stosować ją do wypieków i słodzenia napojów.
- **Miód** – przez całe wieki był wykorzystywany jako lekarstwo. Nie wolno jednak przesadzać z jego ilością, gdyż składa się przede wszystkim z glukozy i fruktozy – czyli cukrów prostych. Przez to może przyczyniać się do rozwoju drożdżaków w przewodzie pokarmowym.

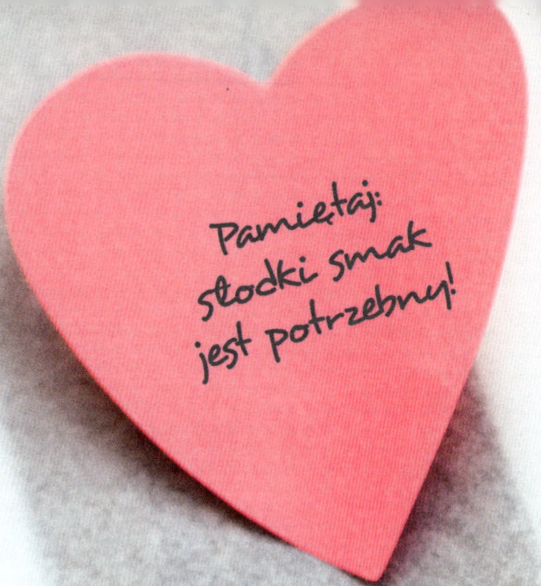

Zadbaj o to, aby twoje potrawy były zharmonizowane – by w diecie obecne były wszystkie smaki. To, że rezygnujesz ze słodyczy, nie oznacza, że w twoim menu ma zabraknąć słodkiego smaku. Każdy smak według chińskiej medycyny ma swoje unikalne właściwości. Jest przyporządkowany w cyklu pięciu przemian poszczególnym funkcjom i organom i steruje ich współpracą, ukierunkowuje różne energie i jest ważnym elementem w dietetyce i terapii.
Oto kilka przykładów:

- **Słodki smak** ma właściwości harmonizujące o działaniu spowalniającym i rozluźniającym. Słodkie pożywienie wzmacnia osoby szczupłe i suche, wpływa bowiem na budowanie w organizmie tkanek i płynów organicznych, pokrzepiając osłabiony organizm.

- **Kwaśny smak** ma działanie odświeżające, ściagające, budujące płyny, często ochładzające, służy osuszaniu i umacnianiu tkanek, używany w leczeniu krwotoków, nadmiernego pocenia – przeciwdziała skutkom spożycia ciężkiego i tłustego pożywienia, działając jak rozpuszczalnik i rozkładając tłuszcze i białka.

Sól prowadzi do chciwości...

Wierzono w to w ludowej tradycji chińskiej i coś w tym chyba jest, sól bowiem wzmaga nasze pragnienie i nasz apetyt na smak słodki. Jest jednak potrzebna w organizmie, pod warunkiem że jej nie nadużywamy. Tak jak w przypadku innych produktów, wybieramy sól, która jest pełnowartościowa. Ja stosuję sól himalajską, możesz również stosować sól morską niejodowaną.

Dodajemy aromatu potrawom, używając świeżych lub suszonych liściastych przypraw, takich jak oregano, bazylia, tymianek, laur. Ja prawie do wszystkich dań dodaję cynamon, imbir, gałkę muszkatołową, kolendrę czy kurkumę, które działają ogrzewająco. Pamiętaj jednak, aby nie przesadzać z przyprawami. Mają one wydobyć aromat potraw, warzyw czy deserów, nie zaś zdominować ich smak.

× **Słony smak** w małych ilościach wspiera budowę płynów i odtruwa organizm, sól pita z wodą może działać przeczyszczająco na jelita. Jest środkiem poprawiającym apetyt, w dużych ilościach jednak wysusza. Przyporządkowane do tego smaku bogate w minerały algi i grzyby oczyszczają organizm z toksyn.

× **Gorzki smak** ukierunkowuje energię w dół. Tonizuje i ożywia wątrobę i trawienie. Jeśli jest rozgrzewający (kawa), działa zazwyczaj wysuszająco. Jeśli jest chłodzący (cykoria, szparagi), wyprowadza nadmiar gorąca. Jest pomocny w leczeniu stanów zapalnych. Jest to najrzadziej stosowany i najmniej doceniany spośród smaków.

× **Ostry smak** (aromatyczny) ma naturę ogrzewającą organizm, otwiera powierzchnię, pobudza krążenie krwi i trawienie. Zalecany w czasie przeziębienia. Ostry smak może wzmocnić energię życiową (*Qi*). Najbardziej skorzystają z niego osoby ospałe, ociężałe lub spowolnione. W nadmiarze wysusza płyny i osłabia substancję.

Jednak
jak w życiu,
tak
i w kuchni...
najważniejsza
jest harmonia
i umiar.

Jeśli zatem czujesz nadmierne zapotrzebowanie na smak słodki, oto kilka porad, jak sobie z tym poradzić:

- Potrzebę słodyczy najlepiej zaspokoi dieta złożona z pełnego roślinnego pożywienia. Wszystkie węglowodany złożone, takie jak zboża, rośliny strączkowe i warzywa, im dłużej je przeżuwamy, tym stają się słodsze. Pamiętaj, że proste, zrównoważone posiłki zaspokoją potrzebę spożywania smaku słodkiego.
- Unikaj smaków intensywnie słonych, ponieważ powodują one, że zwiększa się zapotrzebowanie na smak słodki.
- Zmniejsz ilość produktów pochodzenia zwierzęcego. Zawierają dużą ilość białka i wpływają na zapotrzebowanie organizmu na cukier. Gdy wyregulujesz poziom białka w organizmie, cukier również się unormuje.
- Jedz słodkie warzywa (buraki, marchewki, dynie). Badania potwierdziły, że niektóre warzywa powodują szybki i bardziej długotrwały wzrost poziomu cukru we krwi niż słodycze.
- Aby zmniejszyć łaknienie na smak słodki, zjedz coś kwaśnego, gorzkiego albo ostrego.
- Pożądanie smaku słodkiego może być spowodowane przez nadmierne zakwaszenie organizmu. Detoks i dieta, którą stosujemy, ma za zadanie odkwasić organizm. Gdy przywrócisz odczyn zasadowy w organizmie, twoje zapotrzebowanie na słodycze zniknie.
- Gdy chcesz sięgnąć po coś słodkiego, zrób najpierw trzy głębokie przeponowe oddechy. Dzięki temu nie będziesz działać impulsywnie.

Awantura wokół mleka – nabiał w twoim odżywianiu

Slogan znanej kampanii reklamowej głosi: „Pij mleko, będziesz wielki", a kontrkampanii: „Pij mleko, będziesz kaleką". Pojawia się więc pytanie: jak to jest z tym mlekiem? W tym kontekście Paul Pitchford zwraca uwagę, że wśród dziko żyjących ssaków picie mleka jest zarezerwowane wyłącznie dla nowo narodzonych osobników, a ponadto żadne zwierzę nie pije mleka innego zwierzęcia.

Faktycznie, produkty mleczne nie powinny stanowić głównego składnika diety, mogą bowiem powodować, że w organizmie pojawia się nadmiar śluzu. Wielokrotnie zaobserwowałam u siebie zależność między spożyciem nabiału a zaczynającym się katarem czy przeziębieniem. Myślę zatem, że produkty mleczne powinny co najwyżej stanowić uzupełnienie diety i to pod warunkiem że są wysokiej jakości, pełnotłuste i twój organizm dobrze je toleruje. Pamiętaj, że nabiał kwaszony lub fermentowany – kwaśne mleko, kefir, twarożek, kwaśna śmietana – jest lżej strawny.

Jeśli, podobnie jak ja, nie najlepiej znosisz mleko krowie, polecam ci dwa zamienniki:

- **Mleko kokosowe** – ma śnieżnobiały kolor i kremową konsystencję. Nadaje się zarówno do sosów, jak i napojów oraz wypieków. Ważne, abyś kupując mleko, zwróciła uwagę na jego skład i nie wybierała produktu, który zawiera cukier lub dodatki chemiczne.
- **Mleko migdałowe** – ma przyjemny orzechowy posmak. Polecam go do naleśników.

Zabójca na sklepowych półkach!

Na koniec mała ciekawostka. Jakiś czas temu natknęłam się na wyniki badań dotyczących homogenizowanego mleka. W czasie konfliktu koreańskiego przeprowadzono sekcje zwłok młodych amerykańskich żołnierzy, które wykazały obecność złogów i uszkodzeń w obrębie tętnic. Było to sporym zaskoczeniem, bo to schorzenie pojawia się zazwyczaj u osób dużo starszych. Okazało się, że wszyscy oni spożywali mleko homogenizowane. Proces homogenizacji powoduje, że enzym znajdujący się w tłuszczach mleka, zamiast zostać wydalony z organizmu, wnika bezpośrednio do krwi, a następnie do serca i tętnic, rozrywając błony śluzowe. Na zbliznowaciałych tkankach osadza się cholesterol, który zatyka naczynia. Tuż po tym odkryciu udaliśmy się do marketu i co znaleźliśmy na półce sklepowej?... Homogenizowane mleko!

Ale jaja...

Pamiętam, że gdy poznałam Tomka i zaczęliśmy jadać wspólne śniadania, zaskoczyła mnie jego miłość do jajek. Były one obecne w diecie Tomka pod każdą postacią: jajecznica, jajko na miękko, jajko na twardo, majonez, jajko po wiedeńsku, omlet, kogel-mogel, jajko faszerowane, jajko w zalewie. Dzięki mojemu mężowi dowiedziałam się o istnieniu jajka w koszulce... Dobrze, że nie ma jaja w skarpetkach, bo na pewno Tomek by je zjadł.

Gdy byliśmy na kursie oddychania, nasz nauczyciel przestrzegał nas, byśmy wyłączyli jaja z diety, ponieważ są ciężkostrawne. Widziałam, jak łezka zakręciła się w oku Tomka. Nie mogliśmy zatem zrezygnować z jaj, ale skonsultowaliśmy ten temat z ekspertem i (ku radości Tomka) dostaliśmy zielone światło.

Jest tylko jedna zasada: jemy wyłącznie jajka od szczęśliwej kury lub kury zielononóżki. Sprawdzaj pieczątki, kupuj tylko te ze znakiem „0" lub od małych, prywatnych hodowców.

Wzbogacamy potrawy orzechami i nasionami

Z nasionami jest tylko jeden problem... No może dwa:

1. Nasiona i orzechy bardzo szybko jełczeją i tracą swoje właściwości, kiedy tylko zostaną obrane i obłuskane. Dlatego to, co możemy dostać w sklepie, nie jest pełnowartościowym produktem, nawet próżniowe pakowanie nie zapobiega zepsuciu. Natomiast zjełczałe orzechy i nasiona podrażniają wyściółkę żołądka i jelit. Przyczyniają się do osłabienia odporności, niszczą witaminy A, E i F zarówno w pożywieniu, jak i w organizmie. Wniosek jest jeden: lepiej wcale nie jeść orzechów, niż pochłaniać garściami zjełczałe. Co zatem zrobić?

- Kupować nasiona niełuskane. Pamiętam, że mój dziadek miał dziadka do orzechów i zawsze łuskał mi orzechy przed samym podaniem. Trzeba wrócić do tradycyjnych metod, wygoda nie zawsze jest najlepszym doradcą.
- Łuskane nasiona i orzechy przechowujemy w ciemnym, szklanym naczyniu. Ponieważ produkty oleiste wchodzą w reakcję z plastikiem, nie trzymamy ich w plastikowych pojemnikach – choćby nie wiem jak pięknie się prezentowały.
- W miarę możliwości staramy się kupować nasiona ekologiczne.

2. Drugi problem polega na tym, że orzechy i nasiona dostępne w sklepach są siarkowane. Dlatego przed spożyciem należy je odpowiednio przygotować. Najlepiej namoczyć je przez noc w letniej wodzie. Nie tylko je oczyścimy, ale zapoczątkuje to również proces kiełkowania i sprawi, że tłuszcze i białko zawarte w orzechach łatwiej strawimy. Następnie je osuszamy. Ja lubię uprażyć orzechy i migdały na patelni. Prażenie zmniejsza skutki jełczenia. Pamiętaj jednak, by nie trzymać ich na patelni zbyt długo: wystarczy kilka minut – przy zbyt długim prażeniu oleje zawarte w nasionach i orzechach stają się szkodliwe.

Bardzo lubię wzbogacać potrawy nasionami: orzechami, pestkami dyni, ziarnami słonecznika czy migdałami. Dodaję je do zup, chlebów, sałatek oraz kaszy jaglanej. Orzechy są najlepszym źródłem witaminy E, która pełni ważną rolę w funkcjonowaniu wątroby, a także źródłem aminokwasów, minerałów, witamin czy węglowodanów.

daktyle
żurawina
śliwki
rodzynki

Krem z daktyli zamiast nutelli, czyli suszone owoce wchodzą do gry

Suszone owoce to podstawa kompotu, który staram się pić codziennie. Nigdy nie przepadałam za kompotami w przedszkolu, ale obecnie przeżywam prawdziwą fascynację tym napojem. Kompot z suszonych daktyli, śliwek, żurawiny, wiśni czy moreli z dodatkiem jabłka wspaniale gasi pragnienie, jest zdrowy, a do tego pyszny. No i dzieci go uwielbiają! Gdyby moja siostra Magdalena nie kontrolowała ilości kompotu, który spożywa jej synek Staś, maluch byłby w stanie opróżnić cały garnek w dziesięć minut i zamienić się w małą cysternę.

Suszone owoce wykorzystasz również do przygotowania domowych dżemów bez konserwantów i cukrów. Ale to nie koniec. Z daktyli wyczarujesz czekoladę lub krem dla twoich dzieci. I zapewniam cię, że ten krem jest o wiele smaczniejszy niż popularna nutella. Za to z moreli i żurawiny stworzysz nadzienie do pieczonego jabłka i użyjesz ich jako dodatek do kaszy jaglanej.

Fasola jaś to wcale nie taki głupi pomysł, czyli rzecz o roślinach strączkowych

Rośliny strączkowe to ważne źródło białka w naszej diecie. Wiele osób skarży się, że źle je trawi, a po ich spożyciu odczuwa wzdęcia lub alergie. Może to wynikać z nieprawidłowego przygotowania. Oto kilka wskazówek, jak wybrać i przygotować fasolę adzuki, soczewicę, fasolę mung i groszek. Porady te znalazłam u Paula Pitchforda, przetestowałam i mogę potwierdzić, że działają:

- Zestawiaj rośliny strączkowe z warzywami zielonymi, wodorostami lub warzywami niezawierającymi skrobi.
- Namocz rośliny przez noc w proporcjach 4 miarki wody na 1 porcję ziaren strączkowych.
- Gotuj rośliny strączkowe z nasionami kopru włoskiego lub kminku, to pomoże ci uniknąć gazów.
- Gdy rośliny zaczną się gotować, usuń gromadzącą się pianę i gotuj przez kolejne 20 minut, początkowo bez przykrycia (by wytworzyła się para, która rozprasza i rozbija enzymy zaburzające trawienie).
- Przyprawiaj je ¼ łyżeczką soli himalajskiej, ale dopiero pod koniec gotowania, inaczej fasola się nie ugotuje, a jej skórka pozostanie twarda.
- Pod koniec gotowania dodaj trochę octu winnego.

Co przygotujesz z roślin strączkowych? Wspaniałe kotleciki, pasztety wegetariańskie i hummus – bez którego wegetarianie nie wyobrażają sobie życia.

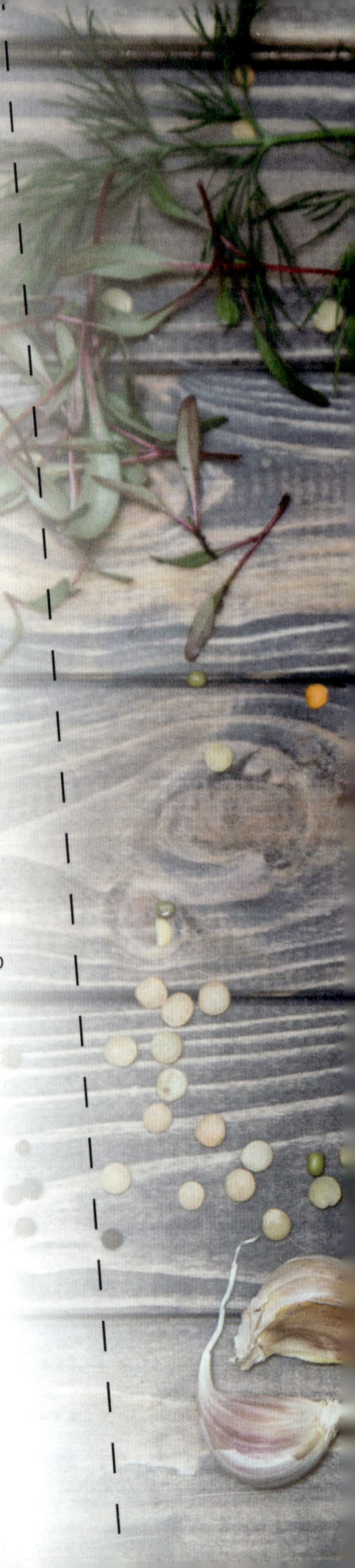

czarna soczewica
(wegetariański kawior)
zielona
soczewica
fasola mung
czerwona
soczewica

Mięsożerca
czy roślinożerca?

Nie będę cię przekonywała, byś zrezygnowała z mięsa. Ta sztuka nie udała się z moją mamą i nie uda się z nikim, kto czuje potrzebę jego spożywania. Jeśli zdecydujesz się na dietę mięsną, pamiętaj o kilku kwestiach:

- Mięso powinno być spożywane po podstawowym daniu i w ilości nieprzekraczającej 60–100 g dziennie.
- Wyłącz z diety wędliny, parówki i inne przetworzone produkty. Piecz, duś i gotuj mięsa sama.
- Jedz mięso bardzo długo gotowane, dzięki temu zmniejszysz ilość bakterii gnilnych w jelitach.
- Ryby i jaja powinny być świeże, maksymalnie dwudniowe.
- Znajdź sprawdzonego dostawcę.
- Wybierając mięsa, kieruj się zasadą, że im coś znajduje się dalej od nas w łańcuchu pokarmowym, tym jest lepsze. To znaczy od wołowiny i wieprzowiny lepsza jest kura czy indyk, od indyka i kury zaś lepsza jest ryba... a potem już tylko kolumbijskie mrówki i karaczan argentyński lub larwy szerszenia, oczywiście jeśli masz tyle odwagi.

Ale gdzie jest danie główne?

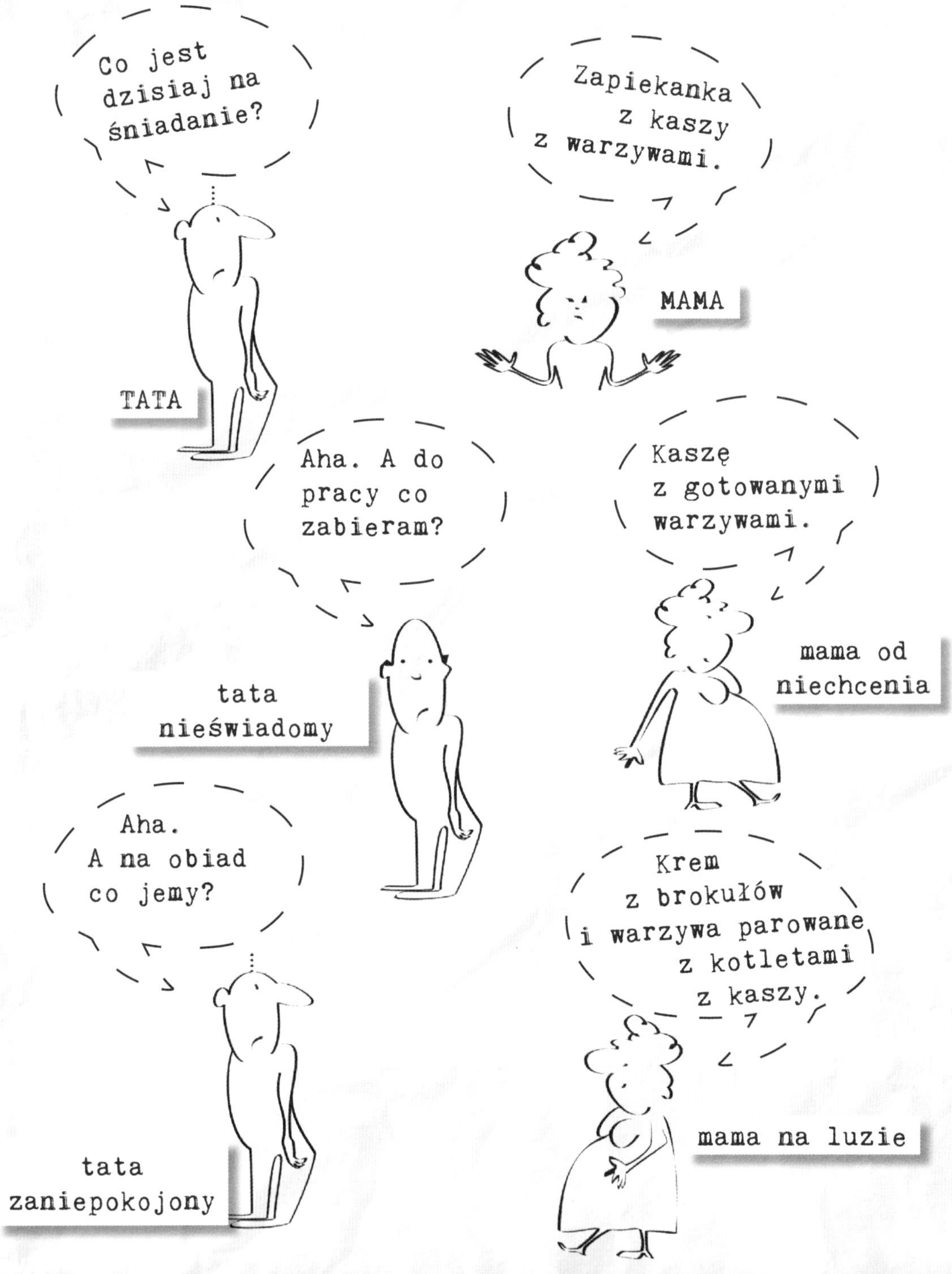

Czyli rzecz o warzywach...

Dla mnie byłaby to fantastyczna wiadomość, bo kocham zapach, kolor i smak świeżych warzyw. Jednak dla kogoś, kto warzywa jada jako dodatek, a nie jako główne danie, takie menu może być trudne do zaakceptowania. Mój przyjaciel, który wciąż jeszcze nie przełamał oporu wewnętrznego przed przeprowadzeniem detoksu, gdy się widzimy, powtarza: „Ale gdzie jest danie główne? Przecież to są same dodatki". Tymczasem wszystko zależy od tego, w jaki sposób przygotujesz warzywa.

Na surowo czy gotowane?

Powszechnie przyjęło się, że gotowanie czy pieczenie zabija właściwości warzyw i najlepiej zjadać je na surowo, czyli prosto z krzaka, drzewa czy grządki. Dlaczego więc w pierwszym okresie detoksu wszystkie warzywa poddaję obróbce termicznej? Warzywa surowe działają ochładzająco na organizm. Są wskazane dla osób, które mają nadmiar gorąca w organizmie. Jeśli często czujesz przenikliwy chłód, jesteś osłabiona, masz bladą cerę i odczuwasz brak sił witalnych, może to świadczyć o niedoborze energii Yang w organizmie. Wtedy medycyna chińska zaleca spożywanie pokarmów, które ogrzewają. Pieczenie czy gotowanie warzyw zmienia ich termiczną naturę z ochładzającej na ogrzewającą. Najbardziej ogrzewające są warzywa pieczone, następnie gotowane, parowane i na koniec surowe (te już ochładzają). Dodatkowo gotowanie niszczy pasożyty i ameby, które dostają się do układu pokarmowego wraz z surowymi warzywami, i sprawia, że stają się one bardziej wzmacniające i łatwostrawne.

Oto kilka wskazówek, jak gotować warzywa, aby zachować w nich jak najwięcej witamin i składników odżywczych:

× Gotuj warzywa przez krótki czas na dużym ogniu w małej ilości wody – pozwala to zachować witaminy i świeżość.

× Jeśli chcesz, aby warzywa były bardziej ogrzewające, gotuj je dłużej na małym ogniu.

× Gotuj warzywa w całości, nieobrane ze skórki.

× Oddzielaj korzenie od liści i gotuj je osobno.

× Jeśli to możliwe, podawaj warzywa razem z wywarem. Wiele wartości odżywczych przedostaje się do wody w trakcie gotowania.

- Gotuj tylko tyle warzyw, ile zjesz w danej chwili.
- Wybieraj świeże, lokalne, sezonowe, ekologiczne warzywa i owoce.
- Przechowuj warzywa w lodówce lub innym chłodnym miejscu z dala od słońca.

Natomiast surowe owoce i warzywa wprowadzaj w formie świeżo wyciskanych soków, koktajli lub sałatek w ciepłe letnie dni.

piję kawę 5 przemian,
przepis zobacz na następnej stronie

Kasia daje nadzieję...

Kawa zawiera również dużo cennych substancji, minerałów i tłuszczów. Dlatego w starych kulturach używana była jako środek wzmacniający i rozgrzewający. Do tego celu musi być jednak gotowana, żeby wydobyć z niej wszystkie składniki, a nie tylko kofeinę, kwasy i aromat! Podróżującym po Wschodzie (np.Turcji czy Indiach) na pewno wpadły w oko małe tygielki używane do gotowania kawy. We Włoszech podobny efekt uzyskuje się przez wysokie ciśnienie pary wodnej, np. przy przyrządzaniu "espresso" (nazwa espresso nie ma nic wspólnego z szybkością, tylko z wyciskaniem). Nawet po wygotowaniu fusy kawy są tak bogate w składniki, że nadają się świetnie jako nawóz dla naszych roślin.

Kawa nadaje się na... lewatywę

Jak przygotować kawę, aby była mniej szkodliwa? Czy to w ogóle możliwe? Prawda dla wielu będzie bolesna. Nie jest to możliwe i wszyscy mądrzy ludzie zalecają, aby od kawy się odzwyczaić. Pitchford, opisując działanie kawy, poleca napar z niej stosować jako... lewatywę. Ze względu na jej przeczyszczające właściwości.

Wiem, wiem, dla mnie to też potworna wiadomość. Ze wszystkich dostępnych w świecie używek jestem uzależniona tylko od tej jednej. Gdy byłam na kursie oddychania i miałam tygodniowy zakaz picia kawy, moja uwaga przez pierwsze dni skupiała się tylko na tym, jak bardzo mi jej brakuje. Wiem zatem, że koncentrując swoją energię na tym, czego nam nie wolno i wprowadzając rygorystyczne zakazy, osiągniemy odwrotny od zamierzonego efekt. Zgromadzimy w sobie masę toksyn i złości. Dlatego nie jestem w tym względzie tak zasadnicza jak mój nauczyciel. Proponuję ci przygotowanie kawy pięciu przemian. Ma ona tę przewagę nad każdą inną kawą, że rozgrzewa i rozprowadza energię po ciele.

Kawa pięciu przemian – receptura Kasi

Przemiana woda-ogień:

Zagotowujemy wodę (przez ten proces przenosi się ona w stan elementu ognia), najlepiej w emaliowym lub szklanym naczyniu.

Ogień/smak gorzki: kawa i/lub kakao

Dodajemy kawę, (która przez proces prażenia również przynależy do elementu ognia) – wedle możliwości świeżo i raczej grubo zmieloną. Bardzo drobno zmielona kawa produkuje przy gotowaniu mazistą zawiesinę, która bardzo powoli się osadza na dnie naczynia. Dodana do gorącej wody kawa uwielbia uciekać z naczynia, więc lepiej ją mieć na oku i kilka razy odsunąć z ognia, aż przestanie się pienić.

Ziemia/smak słodki:

Kawa ma działanie stymulujące nie tylko na nasz umysł, ale również na przewód pokarmowy. Wiedzą o tym zarówno ci, którzy rano dopiero po kawie mogą się wypróżnić, jak i smakosze, którzy piją ją po obfitym posiłku. Kawa ma również działanie wysuszające, co z czasem może odbić się np. na cerze. To działanie wyrównuje nawilżający smak słodki. Zauważyłaś, że w krajach o klimacie suchym i gorącym pije się kawę bardzo słodką? Zależnie od tego, co chcemy osiągnąć dodajemy mniej lub więcej substancji słodzącej (ksylitol, miód, cukier).

Niezbyt dobrym pomysłem jest dodawanie do kawy produktów mlecznych – nie przepada za tym wątroba!

Metal/smak ostry:

Tutaj dodajemy szczyptę jednej lub więcej przypraw

- kardamonu (m.in. chroni serce przed działaniem kofeiny i stymuluje wątrobę),
- imbiru (m.in. oczyszcza jelita i stymuluje trawienie),
- goździków (m.in. rozbudzają zmysły, dodają odwagi, rozgrzewają nerki i wątrobę),
- cynamonu m.in. odpręża i rozgrzewa zimne kończyny),
- anyżu (m.in. otwiera i odśluzowuje drogi oddechowe, poprawia trawienie i grzeje nerki).

Woda:

Na zakończenie dodajemy kilka kropel zimnej wody. Przyspiesza to klarowanie kawy, zamyka cykl pięciu przemian, i sprawia, że będzie to eliksir wzmacniający, jak to określa medycyna chińska, „ogień nerek", którego brak odczuwamy jako ciągła ospałość, lękliwość, zimne kończyny, bóle lędźwi...

KROK 3

Idziemy na zakupy!

W sklepie jestem jak Sherlock Holmes – zawsze czytam etykiety

Słowa do wytropienia na etykietach to[18]:

gluten,

pszenica,

mąka pszenna,

modyfikowana skrobia spożywcza,

barwnik karmelowy,

sztuczne barwniki,

sztuczne aromaty,

aromat karmelowy,

emulgatory,

dekstromaltoza,

hydrolizowane białko roślinne,

hydrolizowana skrobia pszenna,

maltodekstryna,

stabilizatory,

białko roślinne upostaciowione.

[18] Te składniki podaje dr William Davis w swojej książce *Kuchnia bez pszenicy*, Wydawnictwo Bukowy Las, Wrocław 2013.

Nie ma tam nic, czego bym potrzebowała, czyli omijam cukiernie i piekarnie

Podzielę się z tobą zabawną historią, która przytrafiła nam się z Tomkiem kiedy postanowiliśmy szerokim łukiem omijać cukiernie i piekarnie. Nie uwierzysz, ale właśnie wtedy zaczęły wyrastać wokół nas jak grzyby po deszczu. Pamiętam, jak wynajęliśmy na nasze warsztaty studio jogi w Warszawie, w dzielnicy domków jednorodzinnych. Dokładnie na wprost sali znajdowała się wielka cukiernia z ogromnymi witrynami, w których wystawione były przeróżne torty i ciasta. Trudno opisać, jakie męki przeżywał Tomek za każdym razem, gdy musiał przejść do sali.

Wiem, że to może być trudne, ale na początku, gdy budujesz nowe nawyki, ważne jest, by konsekwentnie stosować się do nowych założeń. Więc zawsze wtedy gdy myślisz sobie „to tylko małe odstępstwo, nie zaszkodzi" pamiętaj, że suma tych odstępstw w konsekwencji spowoduje, że stare nawyki wezmą górę. Dlatego od dzisiaj za każdym razem, gdy mijasz cukiernię, lodziarnię czy piekarnię – powtarzaj: „Nie ma tam nic, czego bym potrzebowała". Już niebawem się przekonasz, jak wspaniałe desery możesz przygotować w domu sama ze zdrowych produktów. Gdy przygotowuję daktylowe trufle na rodzinne przyjęcia, wszyscy zebrani zgodnym chórem wykrzykują, że nie zamieniliby ich ani na czekoladę, ani na tort z cukierni. Jestem pewna, że ty również tak powiesz.

Podsumuję rozważania o produktach, które powinny się znaleźć w kuchni pozytywnej egoistki. Prezentuję poniżej listę zakupów. Nie przerażaj się tym, że znajdują się na niej dziewięćdziesiąt cztery produkty – nie musisz wynajmować ciężarówki na zakupy ani brać kredytu. Bez paniki! Produkty będziesz kompletować stopniowo i w miarę swoich możliwości finansowych. Na początek tak naprawdę wystarczy paczka kaszy jaglanej i trochę warzyw.

Wiem, że to może być trudne, ale na początku, gdy budujesz nowe nawyki, ważne jest, by konsekwentnie stosować się do nowych założeń. Dlatego zawsze gdy myślisz: „to tylko małe odstępstwo, nie zaszkodzi", pamiętaj: suma tych odstępstw w konsekwencji spowoduje, że stare nawyki wezmą górę. Od dzisiaj za każdym razem, gdy mijasz cukiernię, lodziarnię czy piekarnię – powtarzaj: „Nie ma tam nic, czego bym potrzebowała". Już niebawem przekonasz się, jak wspaniałe desery możesz przygotować w domu sama, ze zdrowych produktów. Gdy przygotowuję daktylowe trufle na rodzinne przyjęcia, wszyscy zebrani zgodnym chórem wykrzykują, że nie zamienili by ich ani na czekoladę, ani na tort z cukierni. Jestem pewna, że ty również tak powiesz.

Bądź spokojna – nie musisz wynajmować ciężarówki na zakupy ani brać

Podsumowując rozważania o produktach, które powinny się znaleźć w kuchni pozytywnej egoistki, prezentuję poniżej listę zakupów. Znajdują się na niej dziewięćdziesiąt cztery produkty.

Produkty będziesz kompletować stopniowo i w miarę swoich możliwości finansowych. Na początek tak naprawdę wystarczy paczka kaszy jaglanej i trochę warzyw.

ez paniki!

Dlatego pamiętaj...

- Zanim wybierzesz się na zakupy, sprawdź, co znajduje się w twojej kuchni.
- Kupuj rozważnie – tylko te produkty, które są ci potrzebne w danym tygodniu. Pamiętaj, aby nie kupować na zapas, gdyż po pierwsze produkty mogą się zepsuć, a po drugie zamrozisz pieniądze.
- Poszukaj najtańszych dostawców na targach i bazarach. Umów się na zniżki przy regularnym zakupie produktów. Jeśli przeprowadzasz detoks z przyjaciółkami lub rodziną, róbcie zakupy wspólnie, przy większych ilościach dostawcy zaproponują ci lepsze ceny.
- Unikaj sieciowych sklepów ze zdrową żywnością – ceny produktów przyprawią cię o zawrót głowy.
- Wypróbuj najpierw przepisy, abyś wiedziała, jakie ilości produktów będą ci potrzebne.
- Zaplanuj pierwsze siedem dni. Możesz skorzystać z mojego jadłospisu lub ułożyć własny oparty na zalecanych produktach.

Tabela prezentuje nie tylko produkty, które możesz spożywać, ale też czas, w jakim powinnaś je wprowadzać.

		Detoks	Nowy styl odżywiania
Lp.	Produkt	1–7 dzień	Od 8. dnia
	Zboża		
1.	Amarantus		
2.	Proso		
3.	Quinoa		
4.	Gryka		
5.	Owies		
6.	Orkisz		
7.	Ryż (brązowy, czarny, czerwony)		
8.	Kukurydza		
	Kasze		
9.	Kasza jaglana		
10.	Kasza gryczana prażona i biała		
11.	Kasza quinoa		
12.	Kasza pęczak		
	Makarony		
13.	Makaron ryżowy		
14.	Makaron orkiszowy		
	Mąki		
15.	Mąka kokosowa		
16.	Mąka orkiszowa		
17.	Mąka jaglana		
18.	Mąka gryczana		
19.	Mąka ryżowa		
20.	Mąka amarantusowa		
21.	Mąka migdałowa		
22.	Mąka kukurydziana		

× zaznacz krzyżykiem w powyższych wersach, które produkty znajdują się w twojej kuchni

	Pieczywo		
23.	Chleb na zakwasie z mąki orkiszowej		
24.	Chlebki z mąki gryczanej, jaglanej, migdałowej, ryżowej, koksowej		
	Tłuszcze		
25.	Olej lniany		
26.	Olej ryżowy 100 procent		
27.	Olej kokosowy		
28.	Masło klarowane (*Ghee*)		
29.	Oliwa z oliwek		
	Mleko		
30.	Mleczko kokosowe		
31.	Mleczko migdałowe		
32.	Mleko krowie		
	Słodziki		
33.	Ksylitol z brzozy		
34.	Stewia		
35.	Miód		
	Sól, zioła, przyprawy		
36.	Sól himalajska lub morska niejodowana		
37.	Imbir, cynamon, tymianek, majeranek, bazylia, lubczyk, kurkuma, liść laurowy, ziele angielskie, pieprz		
38.	Korzeń imbiru		
	Orzechy i nasiona		
39.	Orzechy (włoskie, laskowe, brazylijskie, nerkowca, migdały)		
40.	Sezam		
41.	Pestki dyni		
42.	Wiórki kokosowe		
43.	Ziarna słonecznika		

× zaznacz krzyżykiem w powyższych wersach, które produkty znajdują się w twojej kuchni

44.	Siemię lniane		
45.	Kiełki		
	Suszone owoce		
46.	Suszone morele		
47.	Suszone daktyle		
48.	Suszone śliwki		
49.	Suszona żurawina		
	Nabiał		
50.	Jaja		
51.	Zsiadłe mleko		
52.	Kwaśna śmietana 18proc.–30 proc.		
53.	Domowy twarożek		
54.	Sery: mozzarella, pecorino-romano, grana-padana, sery kozie niewędzone		
	Herbaty i zioła		
55.	Herbatka z dzikiej róży		
56.	Rumianek suszony		
	Mięso i ryby		
57.	Kura wiejska		
58.	Ryby (z wyjątkiem maślanej, pangi i tilapii – one są zakazane)		
59.	Mięsa: chuda wołowina, polędwiczki wieprzowe, jagnięcina, kaczka, indyk, gęś		
	Warzywa i owoce		
60.	Cytryna		
61.	Jabłko		
62.	Owoce jagodowe: malina, poziomka, truskawka, czernica, jagoda czarna, brusznica, aronia, porzeczka		
63.	Pomarańcza, grejpfrut		

✗ zaznacz krzyżykiem w powyższych wersach, które produkty znajdują się w twojej kuchni

64.	Ananas		
65.	Awokado		
66.	Melon		
67.	Banan		
68.	Marchew		
69.	Korzeń pietruszki		
70.	Natka pietruszki		
71.	Por		
72.	Seler		
73.	Kalarepa		
74.	Brokuł		
75.	Burak czerwony		
76.	Dynia		
77.	Kabaczek		
78.	Cukinia		
79.	Rzodkiewka		
80.	Czosnek		
81.	Cebula		
82.	Zielona cebulka		
83.	Szczypiorek		
84.	Zielona sałata (lodowa, rukola, roszponka)		
85.	Koperek		
86.	Szpinak		
87.	Kapusta		
88.	Kiszona kapusta		
89.	Ogórek zielony		
90.	Ogórek małosolny		
91.	Szparag		
92.	Rośliny strączkowe		
93.	Kalafior		
94.	Rośliny psiankowate: ziemniak, batat, pomidor, bakłażan		

× zaznacz krzyżykiem w powyższych wersach, które produkty znajdują się w twojej kuchni

KROK 4

Oczyść swój organizm - siedmiodniowy detoks pozytywnej egoistki¶

Ten plan dedykuję Tobie. Opracowałam go, by ułatwić cały proces i zainspirować do zmian.

Jedz tyle, ile mieści się na dłoni

Jadłospis
na czas
detoksu
rozpisałam na pięć
posiłków: śniadanie,
drugie śniadanie, obiad,
podwieczorek i kolacja.
Jeśli nie uda ci się zrealizować
całego planu, nie rezygnuj. Ogranicz
liczbę posiłków do trzech. Ważne,
abyś dopasowała ich rozkład do swoich
potrzeb żywieniowych i nie robiła zbyt długich
przerw między posiłkami. Nie doprowadzaj do
„wilczego apetytu", gdyż trudno będzie ci zjeść małą
porcję – a taką polecam. Porcja na jeden posiłek powinna
mieć rozmiar twojej dłoni. Wbrew oburzeniu dietetyków
konserwatystów celowo nie podaję kalorii i innych cyferek przy
jadłospisie. Nie dlatego, że mi się nie chce użyć lewej półkuli. Po
prostu jestem przekonana, że gdy mamy świadomość naszych ciał, nie
jest to istotne. Aby kontrolować ilość spożywanych produktów, wystarczy,
że dostosujesz się do prostej zasady: od stołu odchodź z poczuciem niedosytu.
Pamiętaj też, że poza tym, co jemy, ważne jest również to, jak jemy.

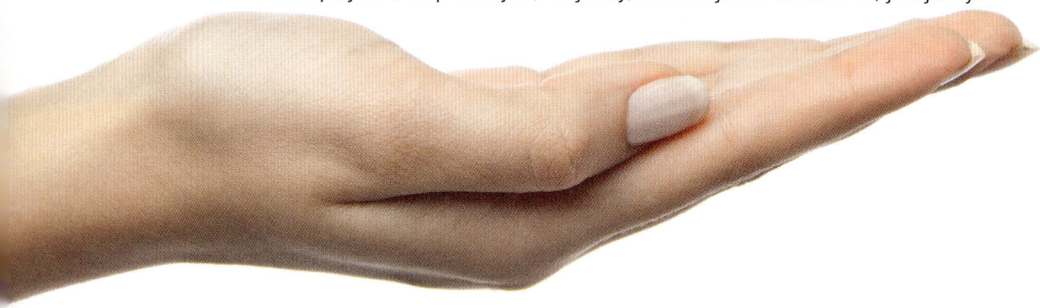

Jeden z moich mistrzów Thich Nhat Hanh w swojej książce *Smak. Świadome odżywianie, świadome życie* podaje siedem praktyk uważności przy jedzeniu[19], chcę się nimi z tobą podzielić:

1. Uczcij to, co jesz.
2. Angażuj wszystkie sześć zmysłów. Nakładając i spożywając potrawy, zauważ nie tylko smaki, ale również dźwięki, kolory, zapachy i konsystencje oraz własne reakcje na te wszystkie bodźce.
3. Nakładaj skromne porcje. W jedzeniu z umiarem pomoże ci używanie niedużego talerza – o średnicy nie większej niż 23 centymetry – i napełnianie go tylko raz.
4. Delektuj się małymi kęsami i gryź dokładnie. Bierz małe kęsy i przeżuwaj powoli. Żuj każdy kęs tak długo, aż stanie się płynny – dwadzieścia albo czterdzieści razy, zależnie od tego, co jesz. Wpłynie to korzystnie na trawienie, ponieważ proces ten zaczyna się już w jamie ustnej. Pomiędzy kęsami odkładaj sztućce na talerz.
5. Jedz powoli, a unikniesz obżarstwa. Jedzenie pomału pomoże ci dostrzec moment, w którym pojawia się przyjemne uczucie sytości, i zakończyć posiłek, zanim zjesz zbyt dużo. Powinno się odejść od stołu z poczuciem niedosytu. Najadamy się na 80 procent.
6. Nie opuszczaj żadnego posiłku. Omijanie niektórych posiłków utrudnia dokonywanie uważnych wyborów. Gdy dopada cię głód, jest większe prawdopodobieństwo, że w pośpiechu zjesz byle co.
7. Niech podstawę twojej diety stanowią produkty pochodzenia roślinnego – dla twojego własnego zdrowia i dla dobra planety. Powinniśmy pozyskiwać nie więcej niż 5 procent kalorii z białka zwierzęcego.

---

[19] Thich Nhat Hanh, *Smak. Świadome odżywianie, świadome życie*, Wydawnictwo Czarna Owca, Warszawa 2011, s. 141–145.

Bo najzdrowszy jest UMIAR, czyli rozluźnij się!

Rezygnacja z chleba, mięsa czy słodyczy to „pikuś" w porównaniu z tym, jak opanować czas posiłków. Będąc wciąż w podróży, mieszkając na zmianę w Warszawie w wynajętych apartamentach i w Katowicach we własnym domu, odczuliśmy to jako prawdziwe wyzwanie. Pamiętam, że gdy zaczynaliśmy swoją przygodę ze zdrowym odżywianiem, nieraz popadliśmy z Tomkiem w skrajność, nim wyrobiliśmy sobie swój własny sposób na funkcjonowanie z nowymi nawykami. Nawet zaczęliśmy wozić ze sobą „kuchnię na wynos" w postaci garnków, płyty grzewczej, słoiczków z przyprawami, prowiantu, a także durszlaka, chochelki i samochodowej lodówki.

Pewnego razu nocowaliśmy w małym mazurskim hoteliku. Gdy zaczęliśmy z auta wypakowywać bagaże, recepcjonistka spojrzała na nas i w pierwszej chwili odjęło jej mowę, a zaraz potem zapytała:

– Na ile państwo nocy wynajęli pokój?

– Na dwie – odpowiedzieliśmy z uśmiechem, wnosząc lodówkę samochodową i kuchenkę elektryczną do pokoju.

No cóż, pewnie nieraz ktoś „życzliwy" uznał nas za szaleńców. Innym razem, gdy wracaliśmy z Warszawy do Katowic, nie mieliśmy już zapasu prowiantu, a jak wiadomo – nie mogliśmy zjeść niczego na trasie (byliśmy bardzo radykalni w tym względzie). W konsekwencji do domu dojechaliśmy o pierwszej w nocy i wygłodniali rzuciliśmy się na kopytka z kaszy jaglanej. Ranek oczywiście nie zastał nas u szczytu formy. No ale nie ma co się dziwić, skoro potrzeba 7 godzin, by pokarm zdążył przejść przez wstępne procesy trawienia, a my daliśmy mu na to tylko 4 godziny.

Dzisiaj wiem, że od ekstremalnych pomysłów lepszy jest zdrowy umiar. Więcej toksyn zafundujesz swojemu organizmowi, stresując się nadmiernie odstępstwami od nowych założeń, niż jednym odstępstwem w postaci zupy na mieście w wegetariańskiej restauracji.

Co łączy opóźniony śmiertelny cios i rozkład posiłków?

Czy słyszałaś kiedykolwiek o mistrzach sztuk walki, którzy potrafią popełnić morderstwo doskonałe za pomocą tajemnej techniki „opóźnionego śmiertelnego ciosu"? Gdy śledziłam życiorys Bruce'a Lee – jednego z moich idoli – natknęłam się na tę informację. Ponoć Master Young również potrafi zadać taki cios.

Co jednak łączy zakazaną technikę walki z rozkładem posiłków? Już odpowiadam: chiński zegar ciała. Według medycyny chińskiej, w trakcie doby można wydzielić okres aktywności poszczególnych narządów. Kierując się tą zasadą, mistrzowie sztuk walki zadają śmiertelny cios – zatrzymując dopływ krwi do ważnego narządu wewnętrznego (wątroby, serca czy płuc), a tym samym powodując jego uszkodzenie. Skoro więc można wręcz wstrzymać dopływ krwi, można jej przepływ również poprawić – wpływając pozytywnie na aktywność narządów wewnętrznych.

Nie martw się, nie będę nakłaniała cię do zadawania śmiertelnych ciosów – to sztuka niebezpieczna i niedostępna. Za to chcę zaprosić cię do zapoznania się z zegarem i ustalenia planu posiłków w opartego na zawartych w nim informacjach. To znacznie bardziej humanitarny sposób wykorzystania tego narzędzia.

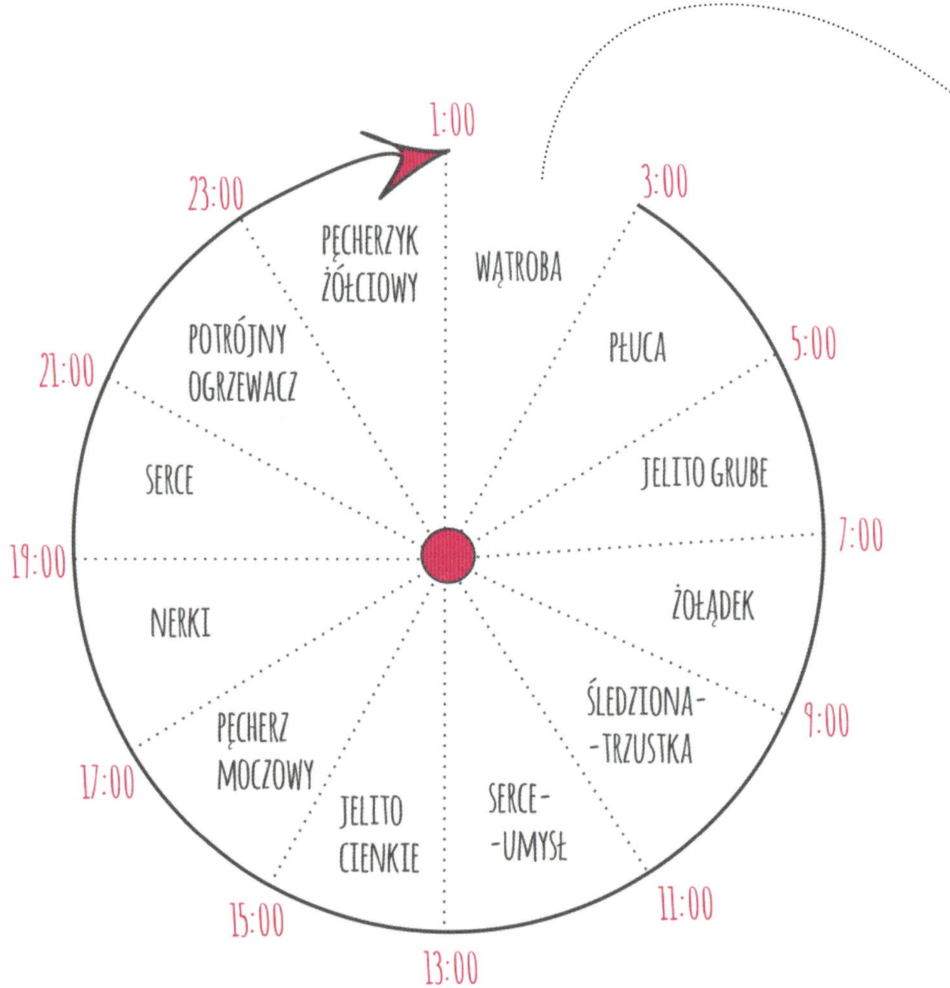

Kasia podpowiada…

Wykres Dagmary pokazuje, kiedy energia organów jest najwyższa. W tym czasie organ znajdujący się na wykresie na drugim biegunie ma najniższy poziom energii. Dla przykładu, kiedy wątroba ma w nocy podwyższoną aktywność, jelito cienkie ma niski poziom energii, a kiedy po południu jelito cienkie jest na plusie, nasza wątroba ma niż energetyczny i czujemy sie zmęczeni. Warto to również uwzględnić w planowaniu posiłków.

Kluczową rolę w procesie trawienia odgrywa wątroba – im dłuższy jest odstęp czasowy między posiłkiem a szczytem aktywności wątroby, tym lepiej, gdyż wtedy narząd ten jest w stanie wypełnić kilkaset swoich funkcji i zakończyć wiele skomplikowanych procesów metabolicznych. Aby wątroba miała szansę oczyścić krew – co jest jedną z jej funkcji – nie należy późno spożywać posiłków. Aktywność wątroby przypada między godziną pierwszą a trzecią w nocy, a potrzebuje ona dwunastu godzin, by z okresu aktywnego przejść do pasywnego.

Kierując się tą zasadą, proponuję następujący rozkład posiłków:

8:30 – śniadanie
11:30 – drugie śniadanie (w pracy)
14:30 – obiad
16:30 – podwieczorek (opcjonalnie)
19:00 – kolacja

Codziennie **pijemy:**

- poranny eliksir – ciepła woda z cytryną i imbirem,
- napar z rumianku,
- herbatkę z dzikiej róży,
- kompoty,
- przefiltrowaną wodę,
- koktajle.

Rano zjedz **posiłek oczyszczający i lekki.**

Przez pierwszy tydzień obowiązkowo jedz na śniadanie ugotowaną kaszę jaglaną z dodatkiem warzyw, owoców, nasion, imbiru, cynamonu, mączki kokosowej, masła sklarowanego. Przygotowuj ją w formie zapiekanek, kleików, ciastek, koktajli. Przepisy znajdziesz poniżej.

Gdy zakończysz detoks, zacznij stopniowo wprowadzać kolejne produkty – chlebki pieczone z dozwolonych mąk, sałatki z domowym majonezem, jaja w formie jajecznicy czy omletów. Obserwuj, po zjedzeniu których produktów czujesz się najlepiej.

W południe zadbaj **o wątrobę i trzustkę.**

Na drugie śniadanie przez okres siedmiu dni przygotowuj zupy kremy z wybranych warzyw. Możesz również zabierać do pracy wszelkie zapiekanki i pasztety na bazie kaszy jaglanej.

Po upływie tygodnia, gdy włączysz kolejne produkty do diety, możesz przygotowywać do pracy kanapki z domowych chlebków z pastami warzywnymi czy jajecznymi.

Na obiad **się nie objadamy...**

To chyba najczęstszy komunikat, który pada po obiedzie. Zastanów się przez chwilę, czy to racjonalne podejście do jedzenia? Wracamy do domu po pracy wygłodniali i zmęczeni, rzucamy się na byle co i jemy to w zbyt dużej ilości. Tak jakbyśmy chcieli nadrobić braki z minionych godzin lub najeść się na zapas.

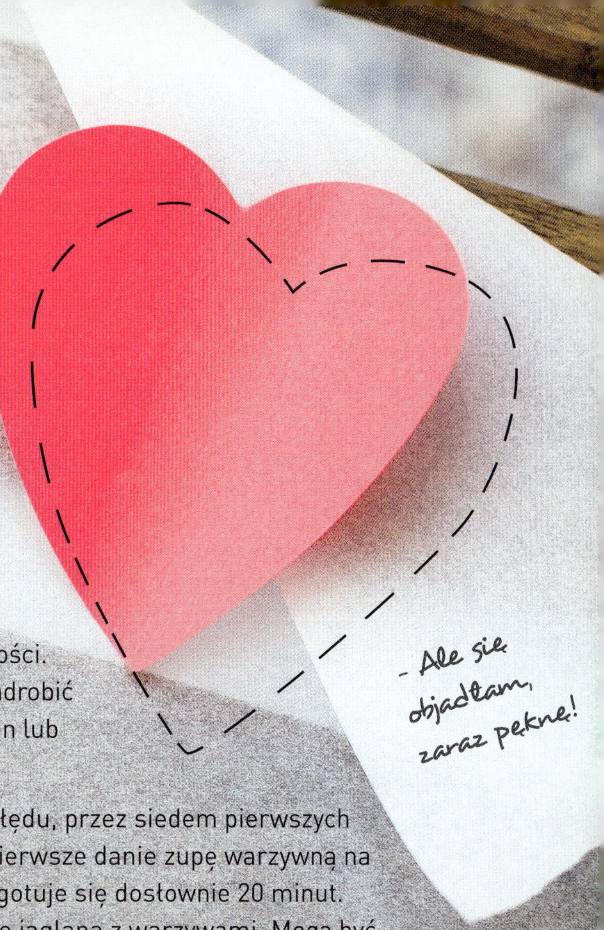

Aby uniknąć tego błędu, przez siedem pierwszych dni powinnaś jeść na pierwsze danie zupę warzywną na maśle sklarowanym – gotuje się dosłownie 20 minut. A na drugie danie kaszę jaglaną z warzywami. Mogą być gotowane, duszone, parowane lub pieczone.

Pamiętaj, że przez pierwszy tydzień się oczyszczasz, dlatego potrawy nie są zbyt urozmaicone. Jednak od ósmego dnia możesz wprowadzać kolejne produkty. Wtedy ich gama poszerzy się o ryby, inne kasze, ryże, jaja czy mięso.

Kolacja? **Trzy godziny przed snem.**

Pamiętaj, aby jeść nie później niż trzy godziny przed snem i aby nie obciążać układu trawiennego tłustymi, obfitymi posiłkami. Kolacja tak jak śniadanie powinna być lekka i oczyszczająca.

Potrzebujesz dobrego planu, by zacząć? Oto on!

– Zacznę detoks wtedy, gdy będę miał dokładny plan posiłków i przepisy, jak je przygotować.

Olek

Olku, mówisz? Masz! Ten plan dedykuję Tobie. Opracowałam go, by ułatwić cały proces i zainspirować do zmian. Sama doświadczyłam tego, że najtrudniejsze są pierwsze dwa tygodnie. To czas, gdy przełamujemy wewnętrzne ograniczenia i nawyki. To chwila, gdy na wielu frontach jesteśmy kuszeni zapachami i wspomnieniami naszych ulubionych potraw i przekąsek, gdy znajomi wokół objadają się wymyślnymi potrawami i pukają w głowę, nie rozumiejąc, dlaczego wcześniej jedliśmy z nimi, a teraz nagle nie.

Wiem, o czym mówię! Pamiętam, gdy po raz pierwszy robiliśmy z Tomkiem detoks i w jego trzecim dniu wypadła niezwykle ważna dla nas kolacja. Nie było mowy o tym, by ją odwołać czy przełożyć. Zachodziliśmy w głowę, co zrobić. Rozważaliśmy: „Jeśli przygotujemy kolację w domu i podamy kaszę jaglaną z warzywami, nasi goście uciekną z krzykiem. Zwłaszcza że są wybitnymi smakoszami i degustowali wykwintne potrawy na całym świecie. Jeśli jednak wyjdziemy do restauracji, to będziemy siedzieć przy szklance wody z cytryną. Przecież w żadnej restauracji nie podają kaszy!". Postanowiliśmy zamówić gotowane warzywa oraz lekką zupę. Gdy dotarliśmy na kolację, dzielnie przetrwaliśmy przystawki, nie mrugnęliśmy przy głównym daniu, ale gdy nasi znajomi zamówili desery, muszę przyznać, że aż się spociłam z wysiłku, zwłaszcza że podano deser, na którego wspomnienie aż ślinka mi ciekła. Wytrwałam jednak dzięki jasno określonej wizji i dobremu planowaniu.

Dobre rady dotyczące detoksu

1. Używaj czystej wody i czystych, starannie dobranych produktów.
2. Pomidory oraz cytrusy sparzaj przed zjedzeniem.
3. Kupuj produkty ekologiczne.
4. Warzywa i owoce obieraj ze skóry. Jeśli w przepisie pojawia się pieczone warzywo (np. papryka), po upieczeniu oddziel miąższ od skóry. Skóry warzyw i owoców lubią zaczepiać się o kosmki jelitowe i pozostawać w układzie trawiennym w formie złogów. Ponieważ detoks ma za zadanie oczyścić układ pokarmowy, ważne jest, aby nie wprowadzać elementów, które mogą zaburzyć ten proces.
5. Bardzo dokładnie przeżuwaj pożywienie. Dotyczy to także „przeżuwania" płynów, czyli mieszania ich ze śliną. Czy wiesz, że proces trawienia rozpoczyna się w ustach?
6. Ilość płynów i pożywienia możesz w pewnym stopniu ustalać intuicyjnie, mimo to nigdy nie jedz do momentu, w którym poczujesz się syta. Najadaj się w 80 procentach. Brakujące 20 procent to uczucie niedosytu, z którym powinnaś wstać od stołu.
7. Zapewnij sobie odpowiednią ilość odpoczynku umysłowego i fizycznego, nie obciążaj się przez te siedem dni, nie bierz na siebie nowych trudnych zadań.
8. Utrzymuj ciepło w organizmie. Możesz się czuć wychłodzona. Wtedy dodawaj do napojów i posiłków imbir, cynamon, wypij herbatę z koperku.
9. Pij napar z rumianku według zaleceń. Rozcieńczaj z wodą, jeśli jest za mocny.
10. Rób sobie kąpiele w soli jodowanej, które wspomagają proces pozbywania się toksyn. Ale nie przesadź z ich liczbą, bo wraz z toksynami sól wydobędzie z ciebie cenne minerały.

Pamiętaj!

W trakcie kąpieli masuj ciało suchą szczotką. Wspomaga to proces oczyszczania podobnie jak sauna i spacery.

Zaczynaj i kończ detoks łagodnie.

Detoks możesz powtarzać cyklicznie, bardzo dobrze robi sezonowy, wiosenny.

To ważne!

Jeśli jesteś w ciąży lub w trakcie karmienia, detoks jest dla ciebie niewskazany.

Jeśli stosujesz program w celu odnowy wątroby, trzustki i śledziony, przez minimum czternaście dni spożywaj zupy na wywarze z domowej kury. Jeśli nie masz problemu z przewodem pokarmowym ani z niedoborami w organizmie, możesz zupełnie odstawić mięso i jeść tylko warzywa. Jeśli jednak masz objawy niedoborów (wyziębienie organizmu, wycieńczenie i wychudzenie, słaby puls, płytki oddech, blada cera), powinnaś przemyśleć tę kwestię. Niedobory w organizmie mogą powodować liczne choroby i należy zastosować odpowiednią terapię regeneracyjną.

To ważne!

Zaakceptuj wszystko, co w czasie tych siedmiu dni dzieje się z twoim ciałem. Możesz odczuwać wyziębienie lub osłabienie, możesz odczuwać efekt przeczyszczenia, bóle głowy czy rozchwianie emocji – to normalne przy detoksie. Nie stresuj się tym i po prostu obserwuj to, co się dzieje.

Uwaga:

Wszystkie przepisy na potrawy oraz napoje znajdziesz w dalszej części książki podzielone kategoriami: napoje, śniadania, obiady, przekąski, kolacje.

Program Calligraphy Health wraz z filmami instruktażowymi znajduje się w III części pt. Serwisowanie narządów wewnętrznych.

Receptura
Kasi na odkwaszającą
kąpiel

Kąpiele solne są świetną metodą na przyspieszenie wydalania toksyn i oczyszczenie tkanki łącznej, odciążają nerki i wątrobę. Stoją za tym prawa fizyki i fizjologia ludzkiego ciała. Nasza skóra jest chroniona „płaszczem kwasowym". Jego składniki, które inaczej wydalone byłyby z moczem – dostarczane są tam wraz z potem. Sól czyni wodę zasadową i w ten sposób obniża kwasowość skóry. Organizm chce to zrekompensować i po około 20 minutach zaczyna ściągać na pomoc złogi substancji zakwaszających z przestrzeni międzykomórkowej tkanek łącznych. Dlatego taka kąpiel powinna trwać minimum 30 minut. Oczywiście miło jest mieć w tej kąpieli różne sole mineralne, ale najważniejsza jest zasadowość wody. Dlatego jeśli nie możemy wrzucić do każdej kąpieli kilku kg soli morskiej albo kupić specjalnej mieszanki zasadowej, możemy dodać po prostu mniejszą ilość soli plus 2–3 łyżeczki... sody oczyszczonej! Po kąpieli owinąć się ciepło i „dopocić", aż pory zakończą proces wydalania zmobilizowanych substancji i zamkną się. Dopiero wtedy używać kremów czy innych kosmetyków, ale doświadczenie pokazuje, że z czasem skóra radzi sobie coraz lepiej bez kosmetyków.

Więc dodatkowy plus!

Słuchaj sygnałów płynących z ciała

Po przebudzeniu aktywujesz życiową energię!

- poranny eliksir: ciepła woda z cytryną i imbirem
- poranny program Calligraphy Health System (s. 280)

Śniadanie: kasza jaglana z duszonym jabłkiem i cynamonem
Napoje: kompot / herbatka z dzikiej róży / napar z rumianku
Drugie śniadanie: krem z marchwi (*zabierz zupę i kompot w termosach do pracy*)
Przekąski do pracy: placuszki z kaszy jaglanej ze słonecznikiem
Obiad: zapiekanka z kaszy jaglanej i czerwonych warzyw
Deser / kolacja: koktajl aksamitne orzeźwienie, krem z marchwi

Przed snem oczyszczasz umysł!

- dziesięciominutowa sesja skaningu ciała

DOBRA RADA

Co 30 minut ustaw przypomnienie w telefonie: "Oddycham świadomie". Zwróć wtedy uwagę na to, czy twój oddech nadal jest przeponowy i głęboki, czy w natłoku codziennych obowiązków nie zaczęłaś oddychać szczytem płuc – pośpiesznie i płytko. Zrób trzy głębokie przeponowe oddechy.

Detoks

DZIEŃ 2

Oczyszczasz się!

Wspomóż procesy detoksykacji w ciele

Po przebudzeniu aktywujesz życiową energię!

- poranny eliksir: ciepła woda z cytryną i imbirem
- poranny program Calligraphy Health System

Śniadanie: kasza jaglana z masłem klarowanym i gotowanymi/parowanymi warzywami

Napoje: kompot / herbatka z dzikiej róży / napar z rumianku

Drugie śniadanie: krem z buraka (*zabierz zupę i kompot w termosach do pracy*)

Przekąski do pracy: placuszki z kaszy jaglanej ze słonecznikiem

Obiad: zapiekanka z kaszy jaglanej i fioletowych warzyw

Deser / kolacja: koktajl radosna chwila, krem z buraka

Przed snem oczyszczasz umysł!

- wybrany rytuał wieczorny

DOBRA RADA

Postaraj się po obiedzie wyjść na krótki spacer, w trakcie którego całą uwagę skupisz na oddechu. Możesz zastosować technikę oddechowo-medytacyjną "liczenie oddechów krokami". Oddychanie wzmaga procesy detoksykacyjne organizmu, pozwala też utrzymać przejrzysty umysł. Taki spacer pomoże ci zakończyć pracę i przełączyć się w tryb regeneracji.

Zobacz wyraźnie nowy kierunek

Po przebudzeniu aktywujesz życiową energię!

- poranny eliksir: ciepła woda z cytryną i imbirem
- poranny program Calligraphy Health System

Śniadanie: kasza jaglana z duszonymi warzywami w pomidorach

Napoje: kompot / herbatka z dzikiej róży / napar z rumianku

Drugie śniadanie: krem z pomidorów i papryki (*zabierz zupę i kompot w termosach do pracy*)

Przekąski do pracy: ciasteczka zbożowe

Obiad: pasztet z kaszy jaglanej i czerwonej soczewicy z sałatką

Deser / kolacja: koktajl leśna przygoda, krem z pomidorów i papryki

Przed snem oczyszczasz umysł!

- dziesięciominutowa sesja siedzenia w ciszy

DOBRA RADA

Jeśli poczujesz chwilowe zniechęcenie, zadbaj o zwiększenie wewnętrznej motywacji. Usiądź w wygodnym miejscu i wizualizuj sobie ze szczegółami nowy kierunek twojego życia. Jak będziesz się czuła po przemianie (silna? witalna? pewniejsza siebie? zdrowsza? lżejsza? szczuplejsza?). Przypomnij sobie, jak ważne jest wspieranie sowich narządów w pracy - dzięki procesowi, w którym teraz jesteś, pomagasz jelitom i krwi się oczyścić. Dotleniasz cały organizm i usuwasz z niego toksyny, wzmacniasz też swój system odpornościowy - to najlepsza profilaktyka zdrowotna. Poza tym jesteś właśnie w trakcie tworzenia nowych nawyków i rytuałów, już za chwilę (jeśli wytrwasz!) twoje życie stanie się przyjemniejsze, będziesz miała więcej energii i przejrzysty umysł. Nadal masz wątpliwości, czy warto? Zatem wstawaj i idź się poruszać! Wyprowadź swoje wątpliwości na spacer albo je wytańcz.

Rozgrzewaj organizm

Po przebudzeniu aktywujesz życiową energię!

- poranny eliksir: ciepła woda z cytryną i imbirem
- poranny program Calligraphy Health System

Śniadanie: zapiekanka z zielonych warzyw

Napoje: kompot / herbatka z dzikiej róży / napar z rumianku

Drugie śniadanie: krem z kukurydzy (*zabierz zupę i kompot w termosach do pracy*)

Przekąski do pracy: awokado, trufla daktylowa

Obiad: zapiekanka z kaszy jaglanej z zielonymi warzywami

Deser / kolacja: koktajl żółta mgiełka, krem z kukurydzy

Przed snem oczyszczasz umysł!

- dziesięciominutowa sesja oddechowa

DOBRA RADA

Jeśli czujesz się wychłodzona, zadbaj o to, by ogrzać organizm. Możesz zastosować wieczorną kąpiel w ciepłej wodzie z dodatkiem soli i łyżeczki sody oczyszczonej – będzie to wzmagać oczyszczanie organizmu, a jednocześnie podniesie temperaturę ciała. Dodawaj również do potraw więcej imbiru i cynamonu – to przyprawy ogrzewające. W ciągu dnia zamiast naparu z rumianku pij więcej kompotu. Możesz również zrobić dodatkową piętnastominutową sesję układu porannego jogi. Dzięki niej poczujesz natychmiastowy zastrzyk energii, a także ciepła, które przepłynie przez całe ciało.

Zaopiekuj się sobą

Po przebudzeniu aktywujesz życiową energię!

- poranny eliksir: ciepła woda z cytryną i imbirem
- poranny program Calligraphy Health System

Śniadanie: kasza jaglana z duszonym jabłkiem i orzechami

Napoje: kompot / herbatka z dzikiej róży / napar z rumianku

Drugie śniadanie: krem z białych warzyw (*zabierz zupę i kompot w termosach do pracy*)

Przekąski do pracy: gruszka, pasztecik z soczewicy

Obiad: zapiekanka z kaszy jaglanej z dodatkiem białych warzyw

Deser / kolacja: koktajl bananowa uczta, krem z białych warzyw

Przed snem oczyszczasz umysł!

- wybrany rytuał wieczorny

DOBRA RADA

Pij dużo płynów - to wspiera proces oczyszczania organizmu. Jeśli czujesz ból głowy, pij ciepłą wodę - to rozrzedzi ilość toksyn w ciele. Osłabienie, ból głowy, efekt oczyszczania jelit to normalne objawy w czasie detoksu. Jeśli to możliwe, nie planuj na ten czas nowych wyzwań i dużej ilości pracy. Staraj się wsłuchać w swoje ciało i sygnały, które z niego płyną. Gdy chcesz spać - śpij, gdy masz ochotę jeść - jedz. Zaopiekuj się sobą, obdarz siebie uwagą i nie walcz z tym, co mówi ci ciało. Niech to będzie cenna lekcja zatrzymania, spowolnienia i nicnierobienia!

Bądź uważna

Po przebudzeniu aktywujesz życiową energię!

- poranny eliksir: ciepła woda z cytryną i imbirem
- poranny program Calligraphy Health System

Śniadanie: pasztet z kaszy jaglanej i soczewicy (*pasztet możesz upiec dzień wcześniej wieczorem*)

Napoje: kompot / herbatka z dzikiej róży / napar z rumianku

Drugie śniadanie: krem z kalafiora (*zabierz zupę i kompot w termosach do pracy*)

Przekąski do pracy: trufla daktylowa

Obiad: papryka nadziewana farszem z kaszy jaglanej i warzyw

Deser / kolacja: koktajl zielona bomba witaminowa, krem z kalafiora

Przed snem oczyszczasz umysł!

- dziesięciominutowa sesja siedzenia w ciszy

DOBRA RADA

Zaobserwuj zmiany, które zaszły w twoim ciele. Czy czujesz się lżejsza? Czy poziom twojej energii się podniósł? Czy czujesz więcej przestrzeni w sobie i w swoim życiu? Czy twój umysł stał się przejrzystszy? W procesie zmiany bardzo ważne jest, by zwracać uwagę na każdy mały kroczek, zauważać drobne postępy i małe sukcesy. To będzie utrzymywało twoją motywację na wysokim poziomie. Nawet fakt, że od 6 dni udaje ci się wcześniej zasnąć i wcześniej wstać, jest powodem do dumy!

Detoks

DZIEŃ 7

Zakończyłaś proces

Twój organizm jest ci wdzięczny!

Po przebudzeniu aktywujesz życiową energię!

- poranny eliksir: ciepła woda z cytryną i imbirem
- poranny program Calligraphy Health System

Śniadanie: kasza jaglana z duszonym jabłkiem i cynamonem

Napoje: kompot / herbatka z dzikiej róży / napar z rumianku

Drugie śniadanie: krem z groszku (*zabierz zupę i kompot w termosach do pracy*)

Przekąski do pracy: gruszka, orzechy

Obiad: papryka nadziewana farszem z kaszy jaglanej i warzyw

Deser / kolacja: koktajl zielona niespodzianka, krem z kalafiora

Przed snem oczyszczasz umysł!

- wybrany rytuał wieczorny

DOBRA RADA

Twój detoks dobiegł końca. Gratuluję! Pamiętaj teraz, by utrzymać dobre nawyki, zarówno jeśli chodzi o odżywianie, jak i oczyszczanie umysłu czy "serwisowanie" narządów wewnętrznych. Bądź wytrwała i konsekwentna, a ten cudowny stan wewnętrznej czystości, przejrzystości i witalności będzie ci towarzyszył codziennie!

KROK 5

Każda zmiana (również nastawienia!) wymaga od nas zaangażowania, czyli **nakładu energetycznego**. Jeśli od rana czujesz się „jak masło rozsmarowane na zbyt wielu kromkach" – jak obrazowo określał ten stan Bilbo Baggins w powieści Tolkiena, to nic dziwnego, że tkwisz w miejscu. Dlatego zaczniemy od wprowadzenia rytuałów podnoszących poziom twojej życiowej energii!

Codziennie buduj dobre nawyki, czyli wspierające rytuały i przepisy pozytywnej egoistki¶

Poranek pozytywnej egoistki

Jeśli tkwisz w błędnym kole „kiepska noc = kiepski poranek", powinnaś podjąć decyzję, że chcesz go przerwać. Jeśli kładziesz się spać o nieregularnych porach i za późno, jeśli twój umysł jest pełen myśli o minionym lub o nadchodzącym dniu, gdy buzują w tobie emocje związane z sytuacjami, które cię spotkały, lub też twój mózg obrabia informacje, które otrzymał przed chwilą z telewizora lub komputera, nie dziw się, że rano nie masz siły do działania. Pamiętaj, że gdy twoja energia jest na zbyt niskim poziomie, będziesz miała trudności z opanowaniem emocji, utrzymaniem koncentracji czy uwagi na codziennych działaniach, a także trudniej będzie ci zmieniać destrukcyjne nawyki.

Poranna technika oddechowa Drwal – zobacz, jak wykonuję ją na blogu

Poranek i wieczór to dwa najważniejsze momenty w ciągu doby. To, z jakim nastawieniem i poziomem energii rozpoczniemy dzień, ma kluczowe znaczenie dla tego, jak go przeżyjemy. To, jak przygotujemy się do snu – i czy uda nam się efektywnie zregenerować – będzie decydowało o tym, w jakim nastroju się obudzimy.

Poranne rytuały podnoszące poziom życiowej energii

Biorę poranny zimny prysznic

Poranny półtoraminutowy zimny prysznic to wspaniały trening silnej woli. Pomyśl: jeśli nie stać cię na to, by polać się zimną wodą, jak chcesz poradzić sobie z prawdziwym wyzwaniem i kryzysem? To również doskonały sposób na to, by orzeźwić umysł i ciało.

Praktykuję taniec „bez uzdy"

Rano, zaraz po przebudzeniu, zawiąż oczy chustką, włącz ulubioną muzykę i zacznij tańczyć w sposób swobodny i nieskrępowany. To ma być dziki pląs i żywa ekspresja ruchów. Bez oceniania i analizowania. Podążaj za swoim ciałem, ono podpowie, gdzie są zgromadzone emocje i blokady, które trzeba uwolnić. Tańcz, skacz i tup, możesz krzyczeć i bić poduszką w ścianę! A co, niech sąsiedzi wezwą policję. Nieważne. Tu chodzi o pozbycie się skumulowanych emocji, o wyrzucenie ich z ciała. A strach pomyśleć, co tam siedziało latami. Gra jest warta ryzyka, przecież tu chodzi o twoje zdrowie!

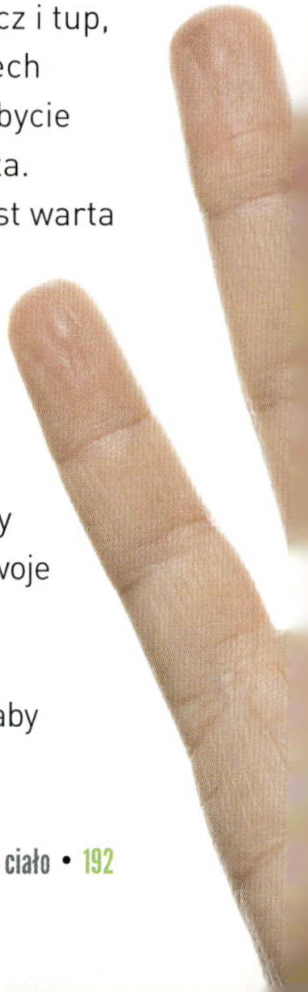

Świadomie oddycham

Usiądź wygodnie na krześle, zawiąż oczy chustką, a stopy ustaw płasko na podłodze. Twoje kolana i stopy powinny być ustawione na szerokość bioder. Poczuj swoje pośladki na krześle; upewnij się, że siedzisz prosto, nie napinaj ciała. Teraz wyobraź sobie, że jesteś wazą, i że powietrze, którym oddychasz, jest wodą. Pozwól, aby wdychane powietrze wpływało w ciebie jak woda do wazy, wypełniając cię od dna w górę. Nie zatrzymuj oddechu, gdy „waza" jest już napełniona. Niech twoje ciało samo wybierze moment, w którym zaczniesz wypuszczać powietrze. Pozwól, by oddech łagodnie wypływał z ciała, jak woda z dzbana. Znowu zrób wdech. Przez kilka minut praktykuj ten oddech.

Uprawiam śmiechoterapię!

Usiądź spokojnie na ziemi. Zacznij chichotać. Odczuj chichot w swoich trzewiach. Całe twoje ciało niech się śmieje i chichocze. Zacznij kołysać się na boki. Niech śmiech rozprzestrzeni się z brzucha na całe ciało. Wejdź w to całą sobą. Połóż się na plecach i zacznij się kołysać na boki, nie przestawaj się śmiać, wierzgaj nogami jak małe dziecko, gdy śmieje się do rozpuku. Śmiejesz się ty i twoje ręce, nogi, plecy. Rób to przez około 5 minut. Nawet gdy rodzina wezwie pogotowie... nie przestawaj! To ćwiczenie uwalnia twórcze moce i pierwotną radość zblokowaną w naszym ciele i umyśle.

Wykonuję rytuał wdzięczności

Pomyśl rano o trzech rzeczach, za które jesteś wdzięczna i dziękujesz (za bliską osobę obok, za słońce za oknem, za kota wtulonego w stopy). Powodów do wdzięczności jest wiele. Pytanie, czy potrafisz je dostrzec? Świadomie wybieraj, które myśli chcesz zasilić swoją uwagą. Pamiętaj, że za uwagą podąża życiowa energia, a to, co zasilasz energią, rozrasta się. Niech dojrzewają w tobie wspierające myśli i twórcze stany.

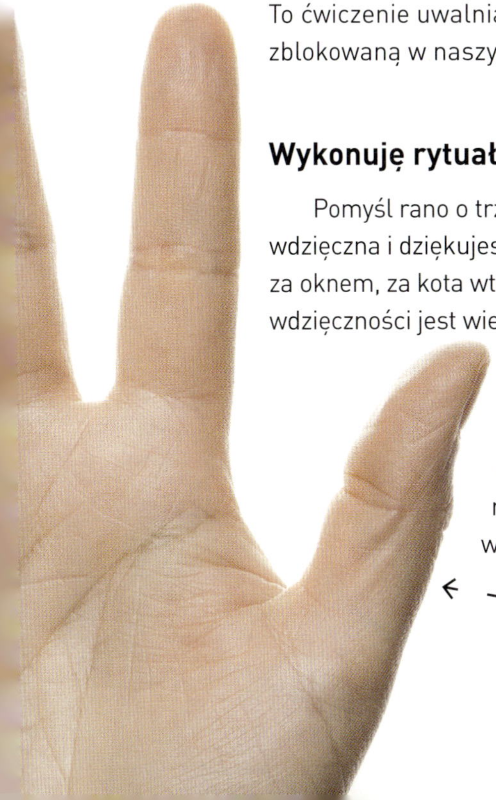

Obserwuję swoje myśli

Wstań, przeciągnij się, rozejrzyj wokół i pomyśl: „Jaki dziś będzie dzień, jakie emocje budzi we mnie ten poranek?". Dokonasz w ten sposób inauguracyjnego aktu kontrolowanej oceny. Angażując się w kolejne czynności, wyłapuj wszystkie procesy oceniania: „Stara szczoteczka, miałam kupić nową, skleroza!" – aha, ocena (tak szczoteczki, jak i jej właścicielki). „Buty mi się rozłażą, w tym nie da się chodzić..." – ocena (butów). „Nie mam w co się ubrać na taką pogodę!" – ocena pogody i zawartości szafy. Obserwuj, jak stopniowo własne oceny przestają tobą rządzić (twoimi emocjami i reakcjami), a w zamian – jak ty sama zaczynasz zarządzać procesem oceniania! Wyobraź sobie siebie jako osobę panującą nad wszystkimi ocenami: jakby to było oceniać tylko wtedy, gdy jest ci to niezbędne? Jakby to było nie musieć oceniać w ogóle?

Wyznaję sobie miłość

Rano stań przed lustrem, uśmiechnij się do siebie i powiedz na głos: „KOCHAM CIĘ!". W razie potrzeby czynność powtórz, aż poczujesz motyle w brzuchu, znak, że czujesz miłość i pożądanie do siebie. Pamiętaj, że miłość do innych zaczyna się od miłości do siebie.

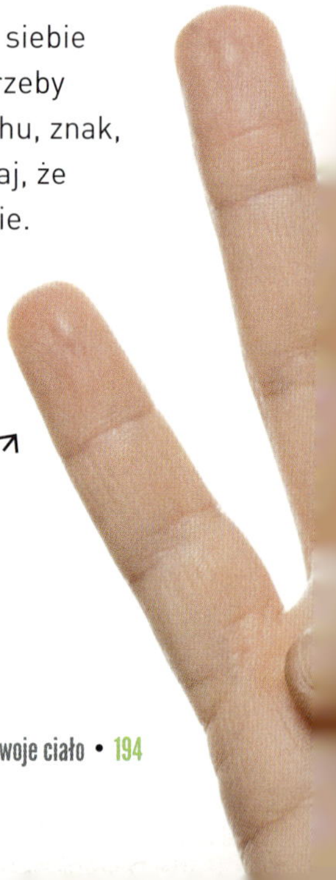

Każdy dzień traktuję jak małe wyzwanie

To wyzwania poszerzają twoją strefę komfortu. Jeśli boisz się psów, wybierz się do schroniska. Jeśli boisz się kontaktu z ludźmi, zaplanuj spotkania i rozmowy telefoniczne, które wykonasz dzisiaj. Jeśli boisz się swoich emocji, dzisiaj skoncentruj na nich uwagę. Już teraz zapisz, co to będzie.

Decyduję się otwierać na to, co przyniesie dzień

W ciągu dnia utrzymuj skoncentrowaną uwagę na tym, co się dzieje. Nie ma dzisiaj złych i dobrych zdarzeń, wszystkie są lekcją! Wieczorem zapisz trzy lekcje, jakie dostałaś od rzeczywistości. Wszystko, co nam się przytrafia, może być szansą rozwoju (lenistwo, niechęć, złość, kłótnia z szefem). Opisz, na czym te lekcje polegają i co w tobie trenują. Lenistwo to np. znak, że masz niski poziom energii i powinnaś ustalić rytuały, które go podniosą. Niechęć do życia to znak, że coś domaga się natychmiastowej zmiany. Albo zmienisz nastawienie do własnych obowiązków, albo obowiązki. Nie ma innej drogi.

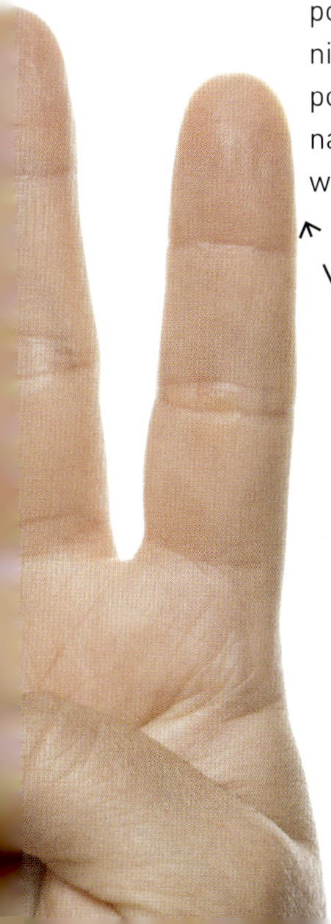

Dzień rozpocznij od nawodnienia organizmu – napoje

Po przebudzeniu często odczuwamy nie tyle głód, co pragnienie. Odwodnienie, które następuje podczas snu, powoduje, że mamy potrzebę wypicia dużej ilości płynów. Jeśli po przebudzeniu twoje ciało jest zesztywniałe, a umysłowi brak jasności, to znaczy, że wątroba nie ukończyła procesu oczyszczania krwi, a to jest oznaką przejedzenia, nadmiaru produktów pochodzenia zwierzęcego lub używek albo zbyt późnej kolacji.

Napój łagodzący jelita i regenerujący skórę

- 4 pokrojone i umyte jabłka oraz 2 gruszki wrzuć do garnka
- 2 obrane, umyte i pokrojone bataty wrzuć do garnka
- wszystko zalej 4 l wody, gotuj na wolnym ogniu od 20 do 40 minut; im dłużej gotujesz kompot, tym będzie bardziej esencjonalny

Tej receptury nauczył mnie Master Yang, gdy byłam w Australii

Zielony energizer

- pokrój pęczek pietruszki, wrzuć do do blendera i zmiksuj z ½ szklanki letniej przegotowanej i przefiltrowanej wody.
- dodaj sok z trzech wyciśniętych cytryn i łyżkę miodu

Twoja codzienna porcja energii i witaminy C

Kompot z daktyli i jabłek z cynamonem

- 4 pokrojone i umyte jabłka wrzuć do garnka
- dodaj dwie garści suszonych daktyli
- wrzuć pięciocentymetrowy kawałek obranego korzenia imbiru
- wszystko zalej 4 l wody
- gotuj na wolnym ogniu od 20 do 40 minut; im dłużej gotujesz kompot, tym będzie bardziej esencjonalny
- dodaj jedną wyciśniętą cytrynę
- na koniec kompot dopraw do smaku cynamonem

Gdy czuję się wychłodzona, przemęczona, piję ten kompot. Nie tylko rozgrzewa organizm, ale także poprawia pracę jelit.

Poranny eliksir – ciepła woda z imbirem i cytryną lub limonką

- szklanka ciepłej przegotowanej wody (najlepiej przefiltrowanej)
- do wody dodaj sok wyciśnięty z połowy cytryny lub jednej limonki
- i przeciśnięty przez praskę około centymetrowy korzeń imbiru

Twoja wątroba podziękuje ci za ten oczyszczający napój!

Napar z rumianku

- koszyczek (około 30 g) rumianku wsyp do niemetalowego czajnika i zalej ½ l wrzącej wody; przykryj i zaparzaj przez 20 minut
- dziennie wypijaj trzy razy po 50 ml naparu, jeśli jest za mocny, możesz rozcieńczyć go wodą

Napar z rumianku pomaga głęboko oczyścić wątrobę i pęcherzyk żółciowy, jeśli jest regularnie stosowany przez dłuższy czas.

Wątroba i woreczek żółciowy będą ci wdzięczne!
Sok z cytryny i limonek to tradycyjne „środki czyszczące wątrobę". Ich gorzki i kwaśny smak pomaga rozłożyć i usunąć zastoinowe substancje w wątrobie i pęcherzyku żółciowym.
Imbir (podobnie jak cynamon, goździki, kolendra, gałka muszkatołowa i kardamon) działa wysuszająco i ogrzewająco, dodatkowo imbir w połączeniu z kolendrą zmniejsza problemy ze wzdęciami brzucha.

Nakarm swoje komórki

Lekkie i witalne śniadania pozytywnej egoistki

HOME
SWEET
HOME

Opcja 1: Śniadania słodkie – przepisy

Dżemy

Podstawą każdego dżemu jest starte na grubych oczkach jabłko, które dusimy w garnku z dodatkiem dwóch łyżek wody (tak by się nie przypaliło). Następnie w zależności od upodobań dodajesz do niego owoce i dusisz w garnuszku do miękkości (około 10 minut). Masę ucierasz w blenderze, gdy ostygnie. Dżem możesz przechowywać w szklanym słoiczku w lodówce około 3 dni.

Polecam ci moje ulubione połączenia:

jabłko + morele (dodaję garść suszonych moreli)

jabłko + żurawina (dwie garści suszonej żurawiny, a jeśli lubisz słodki dżem, to kilka daktyli)

jabłko + suszone śliwki (dwie garści suszonych śliwek)

jabłko + sezonowe owoce leśne (jagoda, malina, jeżyna) lub porzeczki

Bułeczki orkiszowe na zakwasie

Przepis na 8–10 bułeczek orkiszowych

Potrzebujesz 0,5 kg mąki orkiszowej jasnej (najlepiej typ 750), 130 g aktywnego zakwasu, 10 g soli himalajskiej lub morskiej, 250–300 ml letniej wody.

Mąkę przesiej do miski, dodaj zakwas, sól i 250 ml wody. Następnie przez około 6 minut zagniataj ciasto ręką; w razie potrzeby ostrożnie (łyżką albo w zagłębieniu ręki) dolewaj wodę – ciasto powinno mieć konsystencję plasteliny, być elastyczne i nie kleić się. Do natłuszczonej miski przełóż wyrobione ciasto, przykryj ściereczką i odstaw na 2 godziny w ciepłe miejsce. Po tym czasie wyłóż ciasto na blat, odwracając miskę. Odgazuj ciasto, rozciągając je dłońmi na blacie. Podziel ciasto na porcje. Natłuszczonymi rękami formuj bułeczki, lekko je spłaszczając, i układaj na blasze wyłożonej papierem do pieczenia. Przykryj blachę ściereczką i odstaw na 3 godziny w ciepłe miejsce. Po tym czasie włóż do pieca nagrzanego do 200° (góra – dół grzanie) i piecz 20–35 minut, aż się zarumienią. Jedz dopiero, gdy bułki wystygną. Możesz wzbogacać smak bułek jednym wybranym składnikiem: ulubionymi ziołami, przyprawami lub dodatkami, np. czarnuszką, ziołami prowansalskimi, rozmarynem, bazylią, drobno posiekanymi suszonymi na słońcu pomidorami, suszonym czosnkiem lub cebulą. Pamiętaj, by wzbogacać smak z umiarem.

Porady Magdaleny

1. Dodawaj wodę powoli, jej ilość jest uzależniona wilgotności mąki i gęstości zakwasu.
2. Pojemniki, których używasz do przygotowania ciasta, powinny być szklane lub plastikowe, nie mogą być metalowe (zakwas wejdzie w reakcję z metalem!).
3. Bułeczki zachowują świeżość około 2 dni.

Jak przygotować żytni zakwas?

Potrzebujesz wyparzony litrowy słoik, drewnianą lub plastikową łyżkę, kawałek pieluszki tetrowej lub bawełnianej ściereczki, 200 g mąki żytniej typ 2000, 200 g letniej wody.

Receptura: **Dzień 1**: W słoiku wymieszaj 50 g mąki i 50 g letniej wody, słoik przykryj ściereczką i odstaw w ciepłe miejsce na 24 godziny. **Dzień 2–4**: O tej samej godzinie do mikstury w słoiku dodaj 50 g mąki i 50 g letniej wody, ponownie wszystko zamieszaj, przykryj ściereczką i odstaw na 24 godziny w ciepłe miejsce. **Dzień 5**: O tej samej godzinie do mikstury w słoiku dodaj 50 g mąki i 50 g letniej wody, ponownie wszystko zamieszaj, przykryj ściereczką i tym razem odstaw na 5 do 8 godzin. Zaglądaj do słoika, jeśli zakwas urósł (pojawiły się pęcherzyki powietrza) i lekko opadł (pojawi się lekkie wgłębienie), oznacza to, że jest gotowy do użycia.

Jak dbać o zakwas, aby był aktywny?

1. Przed każdym kolejnym użyciem zakwasu wyjmij słoik z lodówki i odstaw na 30–60 minut na blat, by się ogrzał.
2. Dokarmiaj zakwas, dosypując równą część wody i mąki w zależności od tego, ile zakwasu potrzebujesz do przepisu. Dla przykładu, jeśli potrzebujesz 100 g zakwasu, wsyp do słoika 50 g mąki i dolej 50 g wody, i odstaw na 5 do 8 godzin.
3. Pamiętaj, że aby zakwas wciąż był aktywny, po każdym dodaniu mąki i wody musi odstać 5 do 8 godzin, dlatego jeśli chcesz piec bułeczki, przygotuj zakwas rano, a upiecz je wieczorem.
4. Pozostałą część zakwasu odstaw w słoiku do lodówki, użyjesz go do kolejnych wypieków.
5. Jeśli nie pieczesz bułek regularnie, pamiętaj, by raz na 10 dni dokarmić zakwas, dodając 20 g mąki i 20 g wody.

Naleśniki na słodko z bakaliami i bananami (bez dodatku mleka)

⨯ z mąki ryżowej

Jedno jajo, pół szklanki mąki ryżowej, pół szklanki wody przefiltrowanej, szczypta soli, dwie łyżeczki miodu. Zmiksuj składniki i smaż naleśniki na maśle klarowanym.

⨯ z mąki kokosowej i orkiszowej

250 g mąki orkiszowej, 3 jaja, 400 ml mleka kokosowego, 30 g masła. Ubij w misce jaja, aż będą puszyste, dodaj mąkę, mleko i wszystko razem zmiksuj, pod koniec miksowania dolewaj roztopione i ostudzone masło. Smaż na suchej, teflonowej, rozgrzanej patelni.

Kasza jaglana z jabłkiem, cynamonem i mleczkiem kokosowym

Ten przepis opracowała moja siostra, która również stosuje detoks. Magdalena ma trzyletniego synka Stasia, który jest bardzo wybrednym smakoszem. Ponadto zanim Magdalena zmieniła dietę, Staś na śniadanie jadał bułeczki z miodem. Trudno było znaleźć zamiennik, który będzie mu równie smakował. Kasza z jabłkiem okazała się jego ulubionym śniadaniem! Potrawa w smaku przypomina biszkopt, jest naprawdę delikatna – po takim śniadaniu będziesz się czuła lekko i przyjemnie.

- 1 szklanka kaszy jaglanej
- 2 jabłka
- 1 łyżeczka cynamonu
- ¼ szklanki mleczka kokosowego
- sok z ½ cytryny

Ugotuj kaszę jaglaną w proporcji 2:1, czyli na szklankę surowej kaszy odmierz dwie szklanki wody. Kaszę przepłucz dokładnie na sitku zimną wodą (straci goryczkę), następnie wrzuć na wrzątek z dodatkiem soli i łyżką oleju. Gotuj kaszę na małym ogniu pod przykryciem do chwili, gdy wchłonie całą wodę z garnka (około 15 minut), wyłącz i odstaw na 10 minut, by doszła.

Jabłka umyj, obierz i zetrzyj na tarce o grubych oczkach. Przełóż do garnuszka i dodaj sok z cytryny. Podgrzewaj na małym ogniu około 10 minut. Gdy jabłka się zarumienią, dodaj łyżeczkę cynamonu. Nałóż na talerz porcję kaszy (według uznania), następnie porcję jabłek. Wszystko polej mleczkiem kokosowym i posyp zmielonymi migdałami.

Opcja 2: Śniadania słone

Placuszki z kaszy jaglanej i słonecznika

Ugotuj 150 g kaszy jaglanej, ugnieć tłuczkiem do ziemniaków, dodaj łyżkę oleju ryżowego i 15 g zmielonego złocistego siemienia lnianego. Wszystko razem ugniataj, aż powstanie gładka masa. Dodaj 4–5 łyżek prażonego słonecznika i ugnieć ręką. Dopraw do smaku (kurkumą, koperkiem, pieprzem i solą, ale uważaj, bo siemię lniane ma już słony posmak). Uformuj z masy placuszki o grubości około pół centymetra i rozłóż na blaszce wyłożonej papierem do pieczenia. Piecz 25 minut w temperaturze 180°. Gdy są dobrze upieczone, bez problemu odkleją się od papieru. Jeśli masz z tym problem, oznacza to, że placki nie są gotowe, dopiecz je jeszcze chwilę.

Pasta z awokado

Obierz jedno awokado i utrzyj w blenderze z dodatkiem soku z cytryny, soli i pieprzu. Możesz również dodać odrobinę jogurtu naturalnego dla złagodzenia smaku.

Pasztet z kaszy gryczanej i zielonego groszku z sezamem

Ugotuj kaszę gryczaną paloną i jasną oraz 200 g zielonego groszku (świeżego lub mrożonego), odmierz po 100 g każdej z kasz i zmiel w maszynce do mięsa z dodatkiem pięciu łyżek ugotowanej kaszy jaglanej (dla lepszej konsystencji). Na patelni podduś jedną pokrojoną w kostkę cebulę, 2 ząbki czosnku przeciśniętego przez praskę i pęczek posiekanej zielonej cebulki. Wszystkie składniki zmiel na gładką masę w maszynce do mięsa lub blenderze. Dopraw do smaku ziołami, pietruszką i przyprawami. Posyp sezamem. Masę przełóż do małej keksówki lub do silikonowych foremek na mufinki. Piecz 25 minut w temperaturze 180°.

Dla zaawansowanych i oszczędnych: wysuszona i zmielona zawartość pestki awokado jest również bardzo bogata w błonniki, przeciwutleniacze, polifenole i proantocyjanidyny, świetnie oczyszczające jelita, naczynia krwionośne i tkankę łączną, spowalniające wchłanianie glukozy, obniżające poziom cholesterolu. Podobnie jak owoc zawiera luteinę wzmacniającą oczy. Lekko gorzkawy proszek można używać jako przyprawy albo posypywać nim gotowe potrawy.

Guacamole wedle 5 przemian (receptura Kasi)

Guacamole to typowe danie meksykańskie podawane jako przekąska z nachos lub tortillą, albo jako dip do warzyw.

Ziemia: Przecinamy dojrzałe awokado na pół, wyjmujemy pestkę i wydrapujemy łyżeczką zawartość skorupki.

Metal: Dodajemy pieprz, gałkę muszkatołową, i – jeśli mamy odwagę – klasyczny w latynoskiej recepcie przetarty czosnek – świetny dla naszego detoksu i systemu obronnego, mniej dla otoczenia.

Woda: sól

Drewno: sok z cytryny, jogurt.

Po dodaniu każdego składnika pastę krótko mieszamy.

Awokado jest bardzo bogate w składniki – zawiera aż 11 witamin i 14 minerałów, dużo nienasyconych kwasów tłuszczowych, błonnik, folacynę, luteinę. Możemy je zjeść spokojnie jako samodzielny, sycący posiłek. Zwłaszcza w podróży, zamiast wybierać fast food, zabierzmy ze sobą awokado – daje się zjeść prawie wszędzie, szybko, łatwo i przyjemnie. Jak?

Przecinamy awokado na pół, wyjmujemy pestkę, posypujemy ziołowym pieprzem, solą, ewentualnie skrapiamy sokiem z cytryny lub octem i wyjadamy łyżeczką zawartość. Do tego jemy jakiś słodki owoc – i posiłek gotowy.

Nasz organizm, a zwłaszcza skora, oczy, układ krwionośny, hormonalny i mózg, na pewno nam podziękują!

Pasztet z kaszy jaglanej, suszonych pomidorów i soczewicy

Ugotuj kaszę jaglaną, czerwoną i zieloną soczewicę. Odmierz 50 g kaszy i 100 g soczewicy (po równo czerwonej i zielonej) i zmiel w maszynce do mięsa na gładką masę. Na patelni podduś jedną pokrojoną w kostkę cebulę, ząbek czosnku przeciśniętego przez praskę i 14 pokrojonych suszonych pomidorów (ze słoika w zalewie). Następnie zmiel w maszynce do mięsa lub blenderze.

Powstałą masę wymieszaj z kaszą i soczewicami. Wszystko dopraw do smaku (solą, pieprzem, majerankiem lub innymi ziołami, które lubisz). Masę przełóż do małej keksówki lub do silikonowych foremek na mufinki. Piecz 25 minut w temperaturze 180°.

Opcja 3:
Śniadanie jogurtowe

jogurt z warzywami – pokrój sezonowe warzywa (ogórek, pomidor), awokado, sałatę, dodaj wybrane kiełki i wymieszaj z jogurtem naturalnym

jogurt z orzechami – pokrojone orzechy (laskowe, nerkowca, brazylijskie) pokojone migdały i amarantus ekspandowany wymieszaj z jogurtem naturalnym

jogurt z owocami – wybrane owoce sezonowe wymieszaj z jogurtem naturalnym

DZIEŃ POZYTYWNEJ EGOISTKI

Wprowadź codzienne wspierające rytuały i konsekwentnie się ich trzymaj. Niektóre będą wymagały wygospodarowania dodatkowego czasu (np. przerwę na oddychanie w ciągu dnia), większość jednak możesz wykonywać równolegle z codziennymi czynnościami – wymagają bowiem tylko uważności lub też nieco innego spojrzenia na sytuację.

Z doświadczenia wiem, że czasami do tego, by być gotowym na kolejny krok, potrzeba czasu i odpowiedniego stanu umysłu: „Aby pielęgnować uzdrawiającą moc uważnej obecności, nie wystarczy mechaniczne stosowanie jakiegoś przepisu czy powtarzanie zestawu instrukcji. Prawdziwa nauka nigdy tak nie wygląda. Dopiero kiedy umysł jest otwarty i chłonny, jest w stanie uczyć się i postrzegać”[20] – mówi Jon Kabat-Zinn. Czasami nasz umysł otwiera się w wyniku trudnych życiowych doświadczeń, innym razem w wyniku niezgody na sytuację, w której tkwimy, a która jest dla nas destrukcyjna. To zawsze sprawa indywidualna i wymaga wewnętrznej obserwacji. Od świtu do zmroku masz czas, by badać swój wewnętrzny świat, poznawać siebie, rozwijać – czy to nie nadaje nowego sensu twojemu życiu?

Zobacz, jak wygląda mój poranek

[20] J. Kabat-Zinn, *Życie piękna katastrofa*, wyd. Czarna Owca, Warszawa 2012, s. 62.

Nie musisz wszystkich moich rytuałów wprowadzać od razu. Proponuję, byś robiła to stopniowo i planowo! Najpierw wybierz jeden, który szczególnie do ciebie przemawia, i wkomponuj go w swój dzień. Gdy uda ci się praktykować go bez wysiłku, włącz następny. Możesz też przyjąć zasadę, że co tydzień włączasz kolejny rytuał.

Codziennie buduję pozytywne nastawienie

Poznaj moje sposoby

1. Śledzę wewnętrzny głos

Nie musisz nic więcej robić. Wykonując normalne czynności: myjąc się, gotując, idąc do pracy, jadąc samochodem, rozmawiając ze znajomymi – staraj się jednocześnie zauważać, co myślisz. Nie oceniaj swoich myśli, wyłącznie je obserwuj.

2. Świadomie wykorzystuję codzienne trudności

Pobłogosław teraz w myśli wszystkie powtarzające się w twoim życiu „problemy". Mówię poważnie. Czy wiesz, że słowo problem nie odnosi się tylko do przeszkody? Jego grecki źródłosłów to słowo *proballein*. Zaskoczę cię, ale oznacza ono „rzucić coś komuś, postawić przed kimś lub przedłożyć", a także „użyć jako pozoru, wymówki". Od tej chwili każdy problem, który pojawia się w twoim życiu, niech nie będzie wymówką od uważności, ale wskazówką pomocną w odkrywaniu życiowych lekcji: cierpliwości, akceptacji, wyrozumiałości, konsekwencji, siły. Jaką lekcję odrabiasz dzisiaj? Codziennie zapisuj ją w kalendarzu – to pomoże ci śledzić wewnętrzne procesy.

3. Obserwuję swój dzień

Bądź wyczulona na powtarzające się sytuacje, powielające się kłopoty i niczym bumerang wracające do ciebie trudności. To one przekazują ci informacje o obszarach do rozwoju. Jeśli w ciągu dnia spóźniasz się na każde spotkanie, to prawdopodobnie jest to dla ciebie cenna informacja, by poćwiczyć dyscyplinę i lepsze planowanie. Jeśli notorycznie czujesz narastającą presję, to jest to znak, by pracować z oddechem i nauczyć się sztuki odpuszczania.

żdy dzień jest
ansą na to, by
renować pozytywne
astawienie. Każdy
dzień jest wyzwaniem
na ścieżce budowania
dobrych i wspierających
nawyków. Od twojej
decyzji zależy,
czy zechcesz z tego
skorzystać. Wiem, że
zmiana sposobu
funkcjonowania
wymaga cierpliwości
i determinacji.
Twoje nawykowe reakcje,
sposoby myślenia,
odczuwania będą
niczym bumerang
powracać i utrudniać
ci zmianę życiowego
kursu. Możesz
jednak dokonać tej
transformacji techniką
małych kroków.

4. W ciągu dnia poszukuję nauczycieli lub przyjaciół

Bez względu na okoliczności, pamiętaj: teraz masz tylko dwie drogi myślowe i dwie kategorie, do których zaliczasz wszystkich spotkanych ludzi – **przyjaciel czy nauczyciel.** Przykład: Poranny bunt dzieciaka powoduje, że spóźniasz się do pracy. Szef (nie cierpisz drania!) niewybrednie skomentował na forum twoje spóźnienie. Na szczęście koleżanka z zespołu powiedziała, że cię rozumie i żebyś się nie przejmowała... Oto pojawiło się dwóch nauczycieli i jeden przyjaciel. Pomyśl przez kilka sekund, czego próbują cię nauczyć – razem i każde z osobna (tak, tak, trzylatek też może być nauczycielem, i to znakomitym!). Utrzymuj to nastawienie przez cały dzień. Każde spotkanie może być cennym doświadczeniem.

5. Obdarowuję innych

Fuse w praktyce zen oznacza „dar uczyniony z serca" bez oczekiwania korzyści. Postaraj się podarować jak najwięcej darów: czas rozmowy z koleżanką, która potrzebuje wsparcia, pomoc nowemu współpracownikowi, odpuszczenie reprymendy małżonkowi, który sobie zasłużył... itd. Dając *fuse*, podziękuj obdarowanemu... za swój własny gest (!). Powiedz w duchu: „Dziękuję".

6. Cierpliwie czekam na efekty swoich działań

Pamiętaj, że często czas jest potrzebny po to, byśmy sami dojrzeli do tego, co niebawem się wydarzy. Zamiast więc narzekać i frustrować się, bądź wdzięczna za to, że go dostałaś. Utrzymuj ten pogląd, a gdy pojawią się oceny i niecierpliwość, powtarzaj: „Dostanę efekt swoich działań w optymalnym dla siebie momencie! Jestem wdzięczna za czas, który dostałam, by się do nich lepiej przygotować."

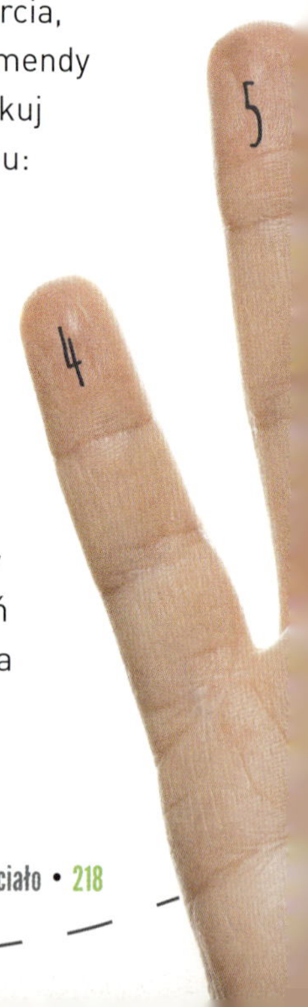

7. Jestem obecna w każdej sekundzie swojego życia

Ogranicz wycieczki umysłu w przeszłość i w przyszłość. Gdy przyjdzie ci do głowy myśl (o pracy, sytuacji w domu, o przyszłości, o przeszłości – jej zawartość nie ma znaczenia) nadaj jej etykietę „myśl" i pozwól odpłynąć. Pilnuj tego przez cały dzień. Bycie *w teraz* trenujemy przez codzienną uważność w tym, co robimy, przez powracanie do zmysłów (uważne słuchanie napływających dźwięków, koncentracja na zapachach czy też skupianie się na dotyku) oraz zauważanie tego, co dzieje się w twoim wnętrzu. Uczymy się tego w czasie kontemplacji, medytacji lub świadomego oddychania. Nie zależy to od wrodzonych zdolności czy talentów. To wynik konsekwentnej pracy i wynik wielu nieudanych prób, które zakończyły się jeszcze silniejszym postanowieniem podjęcia kolejnej próby. Z czasem twój umysł uspokoi się, a ty będziesz stabilna. Będzie mniej myśli, a więcej koncentracji i wolności. Wybieraj i wspieraj dobre myśli, a nie ograniczające przekonania. Myślom, które pozbawiają nas energii życiowej, mów „odpływajcie". Sama oceń, czy warto rozpocząć praktykę. Gdy zdecydujesz, ustaw przypomnienie w telefonie i co trzy godziny powtórz „Jestem w TERAZ".

8. Otwieram się na to, co przynosi Rzeczywistość

Nie stawiaj oporu. Opór rodzi stres i frustrację. Gdy poczujesz, że masz ochotę postawić czemuś/komuś opór, zacznij skakać na jednej nodze. Nie żartuję! Ewentualnie możesz zrobić trzy głębokie wdechy, jeśli obok stoi szef...

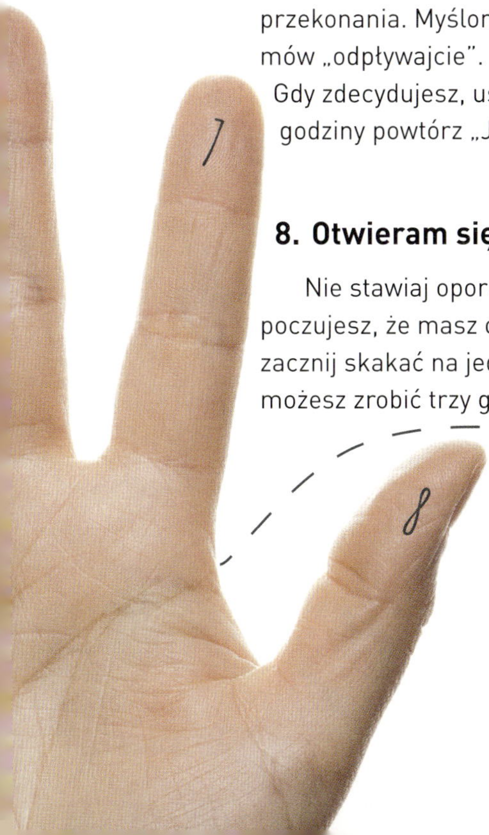

9. Nie wysyłam w kierunku innych nieczystych myśli i emocji

Pamiętaj, że wrócą do ciebie ze zdwojoną siłą. Krzywdząc innych, tak naprawdę krzywdzimy samych siebie. Pilnuj się od dzisiaj! Do każdej napotkanej osoby (znanej i nieznanej) powiedz w myśli: „Wysyłam ci dobro i chcę, abyś był/była szczęśliwa". Uwaga, tutaj nie ma wyboru, czy ktoś jest przystojny, czy nie, mów to każdemu (w autobusie, na przystanku, w pracy).

10. Rozdaję uśmiechy

Codziennie rozdaj pięć życzliwych uśmiechów i złap pięć życzliwych uśmiechów dla siebie. Jeżeli ci się uda, to więcej! Ale pamiętaj, niech uśmiechy wędrują do nieznajomych!

11. Doceniam tych, którzy są dla mnie cenni

Powiedz bliskim osobom: „Cieszę się, że tu jesteś!".

12. Szanuję ludzi za to, kim są, a nie za to, czego dokonali

Przez cały dzień trenuj szacunek. Spotkasz kogoś biednego na drodze? Nie oceniaj go. Ktoś jest mniej wykształcony? Spójrz na niego tak, jakby był geniuszem! Ale koniecznie to poczuj, a nie tylko pomyśl.

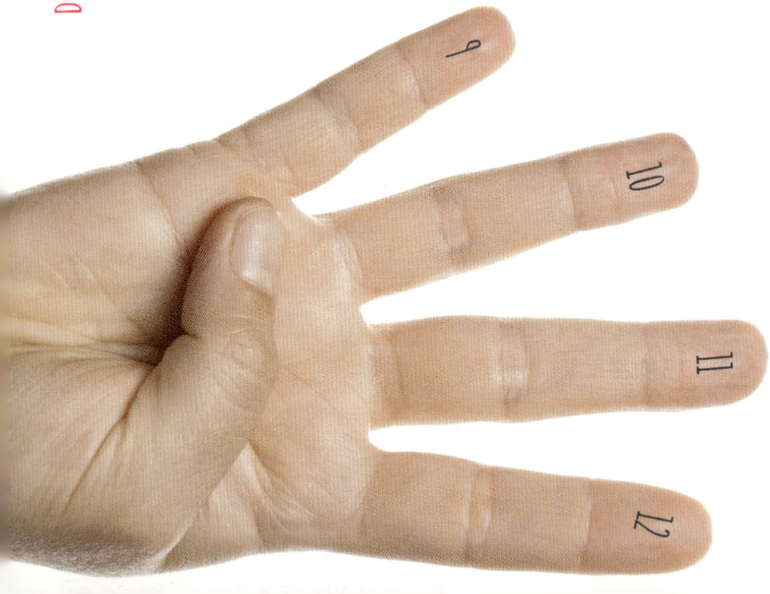

13. Nie wyrażam opinii, za którymi nie stoją czyste intencje

Od dziś, zanim sformułujesz jakąś opinię, rozważ, czy na pewno warto ją wyrazić i po co ją wyrażasz. Pomoże ci w tym odliczanie. Zanim powiesz ją głośno, policz w myślach do dziesięciu. Pamiętaj, intencje kreują nasz świat! Dbaj o ich czystość.

14. Stosuję mantry na trudne sytuacje

Naucz się na pamięć trzech wypowiedzi inspirowanych odpowiedziami starego Indianina. Przez najbliższe trzy dni będą one stanowiły twoje motywujące mantry:

1. „Oto jest mój sztorm. Stoję wyprostowany; wiem, że jego celem nie jest powalenie mnie, ale uczynienie mnie silniejszym".
2. „Oto jest mój smutek i mrok. Mrok jest obietnicą nadchodzącego dnia. Pozwalam płynąć łzom i wykonuję krok w kierunku ujrzenia kolejnego wschodu słońca".
3. „Cokolwiek się dzieje, idę dalej. Najsłabszy mój krok w kierunku szczytu wzgórza, w kierunku wschodu słońca i nadziei jest silniejszy niż najpotężniejszy sztorm".

15. Codziennie idę dalej

Bez względu na okoliczności zewnętrzne – idź dalej. Czasem będzie to trucht, czasem będziesz musiała przycupnąć lub przylgnąć do podłoża. Jednak niech twój wzrok zawsze będzie skierowany do przodu. Niech twoja przeszłość będzie jak ślad motorówki, a nie jak kotwica. Tuż za horyzontem czeka na ciebie ktoś bardzo ważny: ty sama!

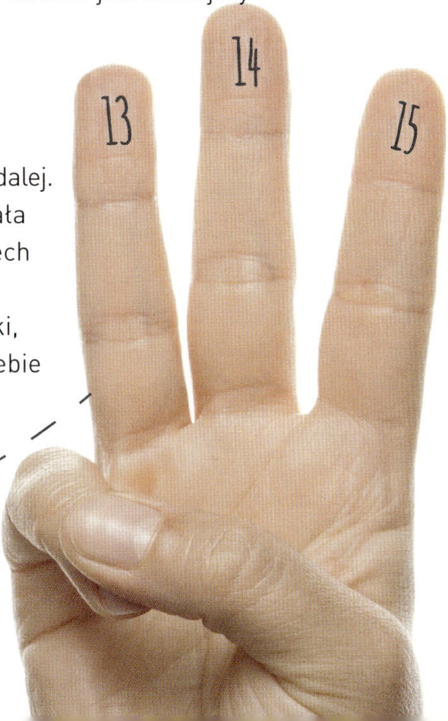

Mądrze zarządzam swoją energią w ciągu dnia
EGOIZM TO NIE GRZECH!
EGOIZM TO NIE GRZECH!

1. Pomnażam miłość – to najbardziej twórcza z emocji

Świadomie wybieraj, które myśli chcesz zasilić uwagą. Za uwagą idzie życiowa energia. To, co nią zasilasz, rozrasta się. Masz wpływ na to, czym wypełnisz swój umysł, więc planowo wypełniaj go dobrymi wrażeniami. Zadanie polega na tym, aby spojrzeć z czułością i miłością na siebie i na innych, a także na wszystko, co ci się przydarza. Gdy czujesz, że emocje w tobie narastają, weź głęboki zapytaj siebie:

1. Czego chcę?
2. W jaki sposób sobie szkodzę?

I skoryguj kurs. Wdech...Wydech... i płyniemy na falach życia wolni od napięcia w umyśle.

2. Utrzymuję rozluźniony umysł

Regularne świadome, lekko pogłębione oddychanie pomoże ci rozładować napięcia w ciele i okiełznać niesforne myśli. W trudnych sytuacjach przeniesienie uwagi na ciało, wyregulowanie oddechu pozwala złapać dystans i stworzyć przestrzeń dla nowych rozwiązań. W chwilach napięcia przenieś swoją uwagę na zmysły – wsłuchaj się w dźwięki, potrzyj dłonią spodnie, posmakuj popołudniową herbatę.

3. Decyzje podejmuję w sposób zdecydowany

Wsłuchaj się dzisiaj w intuicję. Nie kombinuj. Podejmij decyzję i koniec. Nieważne, czy chodzi o to, co będzie na obiad, co założysz czy kogo wyślesz na szkolenie w pracy. Na koniec dnia policz, ile czasu zyskałaś dla siebie.

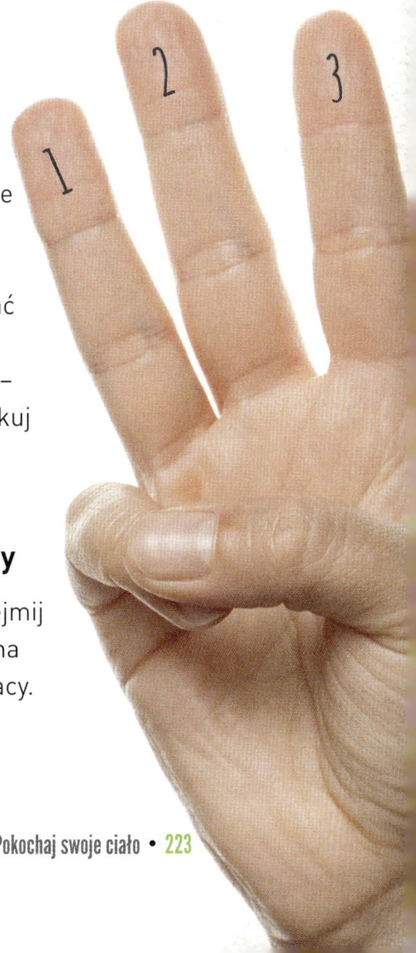

4. Wybieram wspierające i twórcze emocje i myśli

Nie rozwijaj w sobie destruktywnych stanów! Gdy tylko pojawi się niechciana emocja lub myśl, wyobraź sobie, że jest jak motyl, który przysiadł na twoim ramieniu i właśnie odfruwa... W razie trudności zacznij skakać w rytm ulubionej piosenki lub śpiewać na głos w samochodzie. W każdym razie zrób coś niekonwencjonalnego!

5. Odpuszczam rzeczy, na które nie mam wpływu

Pamiętaj, że nie na wszystko w życiu masz wpływ. Nie staraj się przebić głową muru, nie walcz z życiem. Odpuść i popłyń z jego nurtem, a przekonasz się, że nie toniesz, lecz naprawdę płyniesz! Powtarzaj afirmację: „Wszystko jest mało ważne, odległe i obojętne" i dołącz do tego przeponowy oddech. To wyraz mądrości i wewnętrznej siły.

6. Powoli, małymi krokami robię swoje, bez wyczekiwania efektu

Tylko wtedy można działać z poczuciem wewnętrznego luzu. Ciesz się samym działaniem. Cokolwiek dzisiaj zrobisz, nie koncentruj się na rezultacie. Jeśli zaczynasz zapętlać się na myśli o efekcie, powiedz do sobie „Oczekiwanie? A kysz!". Powtarzaj to przez cały dzień.

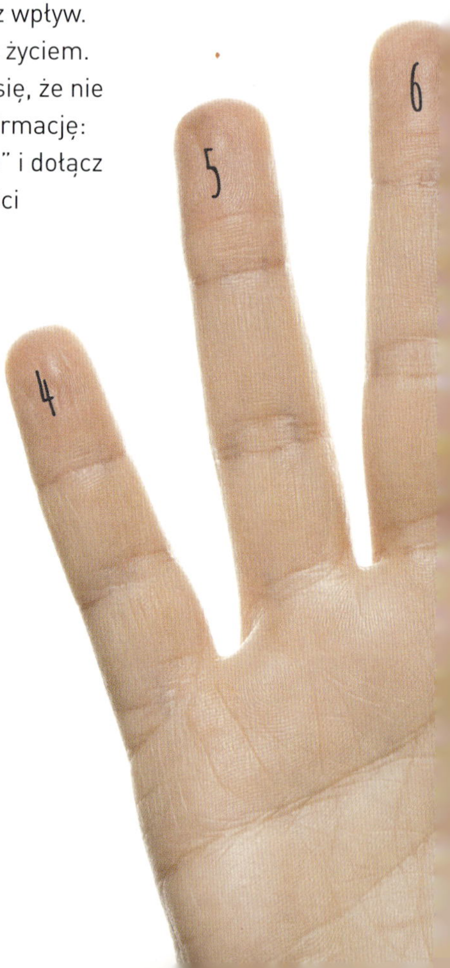

7. Koncentruję się na pojedynczym działaniu

W zen pełna koncentracja na pojedynczym działaniu nazywa się *ichigyo-zammai*. To stan, w którym nie rozpraszasz się myślami, planami, przyszłością czy przeszłością. Jesteś obecny tu i teraz, w danej chwili, roztapiasz się w niej. Nie jest to jednak stan bierności, lecz aktywności każdej komórki twojego ciała! Postaraj się w podobny sposób doświadczać prozaicznych codziennych czynności, jak picie kawy czy mycie zębów. Ćwicz swoją uważność i pracuj nad wyostrzeniem zmysłów przez cały dzień. Jadąc do pracy, postaraj się zarejestrować jak najwięcej zaskakujących szczegółów. Wracając do domu, obserwuj, co się dzieje w twoim ciele po całym dniu. Gotując, zwracaj uwagę na to, co wkładasz do garnka, komponuj potrawy świadomie. Każda czynność może przynieść ci satysfakcję, to zależy od twojego nastawienia. Postaraj się podchodzić do codziennych zadań tak, jakbyś robiła je po raz pierwszy: z pełnym zaangażowaniem i energią.

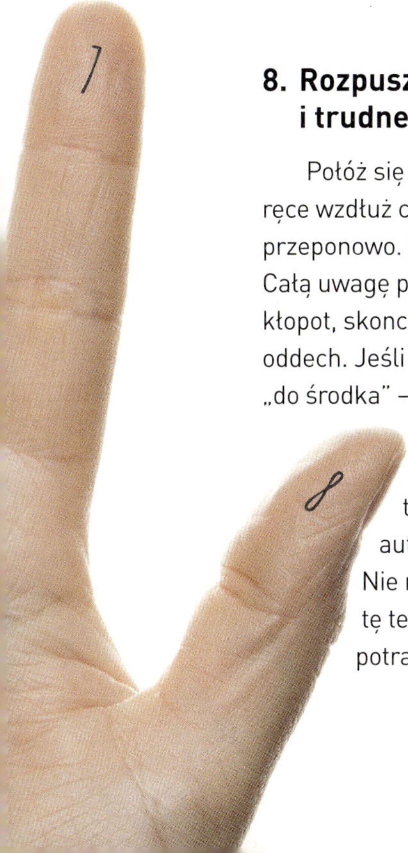

8. Rozpuszczam stresujące sytuacje i trudne emocje

Połóż się na ziemi lub usiądź w ustronnym miejscu, ułóż ręce wzdłuż ciała, zamknij oczy i zacznij oddychać głęboko, przeponowo. Poczuj, jak twój brzuch wypełnia się niczym balonik. Całą uwagę przenieś na oddech. Jeśli niemyślenie sprawia ci kłopot, skoncentruj się na miejscu, w którym najpełniej odczuwasz oddech. Jeśli jest to gardło, możesz dodać w myśli wyrażenia: „do środka" – przy wdechu, i „na zewnątrz" – przy wydechu. Jeśli to brzuch, powtarzaj bezgłośnie: „góra" (wdech), „dół" (wydech). Skoncentruj się na tym bez reszty, nie pozwól, by stało się to automatyczne. Rób tak przez dziesięć minut. Nie musisz robić nic więcej. Każdy potrafi zastosować tę technikę, nie ma człowieka na świecie, który nie potrafiłby oddychać...

ODDYCHAM ŚWIADOMIE, BY POPRAWIĆ KONCENTRACJĘ W PRACY

1. Oddech naprzemienny

Usiądź w wygodnej pozycji, tak abyś miała wyprostowane plecy. Posługując się kciukiem prawej dłoni, zaciśnij prawe nozdrze. Zrób wdech lewym nozdrzem, licząc do czterech. Zwolnij uścisk prawego nozdrza i posługując się palcem wskazującym, zaciśnij lewe nozdrze. Zrób wydech prawym nozdrzem, licząc do sześciu lub ośmiu. Trzymając palce w dotychczasowej pozycji, zrób wdech prawym nozdrzem, licząc do czterech. Zwolnij ucisk lewego nozdrza i posługując się kciukiem, zaciśnij prawe nozdrze. Zrób wydech lewym nozdrzem, licząc do sześciu lub ośmiu. Trzymając kciuk w dotychczasowej pozycji, zrób wdech lewym nozdrzem, licząc do czterech, po czym powtórz cały cykl.

2. Oddech *ujjayi*

Nauczyciele jogi bardzo często porównują dźwięk tego wdechu i wydechu do sposobu, w jaki wypowiadamy literę h, chuchania na szybę czy odgłosu, jaki wydajemy, kiedy chcemy ostudzić gardło po zjedzeniu ostrej papryczki chili. Jeżeli spojrzymy na ten proces z naukowego punktu widzenia, z oddechem *ujjayi* mamy do czynienia wtedy, kiedy mięsień znajdujący się z tyłu i nieco poniżej gardła lekko się zamyka, przez co powietrze delikatnie muska ścianki gardła. Istotne jest, by dźwięk ten rezonował w gardle, a nie w nozdrzach.

Czemu oddech ujjayi ma służyć?

Po pierwsze – zmniejszenie przepływu powietrza na wysokości gardła różnicuje ciśnienie w płucach, co jednocześnie wzmaga wymianę tlenu i krążenie krwi. Oddech ujjayi zwiększa koncentrację. Jednak trzeba się z nim zaprzyjaźnić, wsłuchać się w niego, jak w najlepszego nauczyciela. Oto kilka wskazówek, które powinny pomóc oswoić się z oddechem ujjayi i zrozumieć jego mechanizm.

Usiądź w wygodnej dla siebie pozycji, niech plecy pozostają aktywne i wydłużone (nie opieraj ich o ścianę).

Zamknij oczy i zacznij obserwować swój oddech.

Następnie wyrównaj swój oddech, tak by wdech i wydech były równej długości (niech wdech trwa na początku 3–4 sekundy, wydech tyle samo).

Koncentruj się na tym, by utrzymać miękki, jednolity i nie „szarpany" oddech. Staraj się nie napinać ciała przy oddychaniu. Jeśli tak będzie się działo, może to oznaczać, że twoje wdechy i wydechy są za długie, co powoduje napięcie.

Spróbuj szeptać dźwięk „ha" z zamkniętymi ustami (zarówno przy wdechu, jak i przy wydechu) i pamiętaj, by rezonował on w gardle.

POŻYWNE I ZDROWE OBIADY POZYTYWNEJ EGOISTKI

Zupy krem na czas detoksu (i nie tylko)

Krem z buraka lub botwiny

- 1 l wywaru z kury lub wywaru wegetariańskiego
- 2 pęczki botwinki lub 8 buraków czerwonych
- sok z ½ cytryny
- lubczyk suszony lub sok ze świeżego lubczyka
- zielona pietruszka

Przygotowanie:

Do wywaru dodaj umyte i obrane buraki lub pokrojoną botwinkę. Gotuj 40 minut (buraki), 20 minut (botwinka) na wolnym ogniu. Gdy buraki zmiękną, zmiksuj całość na gładką masę i dodaj sok z cytryny.

Krem z pomidorów i papryki

- 1 l wywaru z kury lub wywaru wegetariańskiego
- 3 czerwone papryki
- 8 pomidorów
- sól, pieprz, słodka papryka

Przygotowanie:

Paprykę i pomidory obierz ze skóry i pokrój w cząstki. Całość podduś na patelni na maśle klarowanym. Pastę dodaj do wywaru i gotuj 20 minut. Następnie zmiksuj całość na gładką masę i dopraw do smaku solą, pieprzem i słodką papryką.

Krem z groszku

- 1 l wywaru z kury lub wywaru wegetariańskiego
- 0,5 kg świeżego lub mrożonego groszku
- sól, pieprz

Przygotowanie:

Do wywaru dodaj umyty groszek. Gotuj 20 minut na wolnym ogniu. Gdy warzywa zmiękną, zmiksuj całość na gładką masę i dodaj sól oraz pieprz do smaku.

Krem z marchwi

- 1 l wywaru z kury lub wywaru wegetariańskiego
- 5 marchewek
- 1 cebula
- szczypta kurkumy
- garść pestek dyni niesiarkowanych
- masło klarowane lub olej ryżowy 100 procent

Przygotowanie:

Do wywaru dodaj umytą i obraną marchewkę oraz cebulę. Gotuj 20 minut na wolnym ogniu. Gdy marchewka zmięknie, zmiksuj całość na gładką masę i dodaj szczyptę kurkumy. Pestki dyni upraż na patelni na maśle klarowanym lub oleju ryżowym przez około 2–3 minuty. Posyp pestkami zupę na talerzu. Pycha!

Krem z kukurydzy

- 1 l wywaru z kury lub wywaru wegetariańskiego
- słoik kukurydzy
- sól, pieprz

Przygotowanie:

Do wywaru dodaj kukurydzę i gotuj 20 minut na wolnym ogniu, następnie zmiksuj całość na gładką masę i dodaj sól oraz pieprz do smaku. Zupa wspaniale smakuje z placuszkami marchewkowymi.

Krem z kalafiora

- 1 l wywaru z kury lub wywaru wegetariańskiego
- 1 kalafior
- sól, pieprz

Przygotowanie:

Do wywaru dodaj umyte różyczki kalafiora. Gotuj 20 minut na wolnym ogniu. Gdy warzywa zmiękną, zmiksuj całość na gładką masę i dodaj sól oraz pieprz do smaku.

Krem z białych warzyw

- 1 l wywaru z kury lub wywaru wegetariańskiego
- 1 mały seler
- 3 pietruszki (korzeń)
- 4 ziemniaki
- ząbek czosnku
- 1 cebula
- sól, pieprz

Przygotowanie:

Do wywaru dodaj umyte i obrane warzywa. Gotuj 20 minut na wolnym ogni[u]. Gdy warzywa zmiękną, zmiksuj całość n[a] gładką masę i dodaj sól oraz pieprz do smaku.

Bazy do zup

Tonik z kury (baza mięsna)

Polecam ugotować wywar w większej ilości i zawekować w słoikach.
Wtedy szybciej przygotujesz zupę na kolejny dzień.

- ¼ domowej kury
- 3 marchwie
- 2 pietruszki
- kawałeczek imbiru
- ząbek czosnku
- 1 por
- ¼ selera
- 2 cebule
- kilka liści kapusty włoskiej
- 1 liść laurowy
- 3 ziarna ziela angielskiego
- szczypta pieprzu ziołowego
- sól himalajska lub morska

Przygotowanie:

Mięso z domowej kury umyj dokładnie w zimnej wodzie, a następnie włóż do dużego garnka i zagotuj. Gdy woda się zagotuje, wylej ją i ponownie umyj mięso oraz ściągnij z niego skórę. Tak przygotowane mięso jeszcze raz włóż do garnka, zalej wodą i gotuj na małym ogniu. Warzywa umyj, a następnie je obierz i dodaj do garnka wraz z liściem laurowym, zielem angielskim, pieprzem, solą, imbirem i czosnkiem. Gotuj na małym ogniu 4–5 godzin. Gdy wywar się ugotuje, wyjmij mięso oraz wszystkie warzywa.

Wywar z warzyw (baza wegetariańska)

Przygotowuję ją na bieżąco przed każdą zupą kremem.

- 1 marchew
- 1 korzeń pietruszki
- ¼ pora
- 1 mała cebulka
- 1 ząbek czosnku
- 2 łyżeczki majeranku
- sól himalajska lub morska do smaku
- 1 łyżka masła klarowanego
- 1 liść laurowy
- 2 ziarna ziela angielskiego

Przygotowanie:

Warzywa umyj, obierz ze skórki i zetrzyj na tarce o grubych oczkach. Por pokrój w krążki. Do garnka wrzuć masło i poczekaj, aż się rozpuści, dodaj warzywa, ząbek czosnku. Podduś na małym ogniu około 5 minut. Następnie wlej litr ciepłej wody i dodaj liść laurowy, ziele angielskie oraz pieprz. Gotuj na wolnym ogniu 20 minut, na koniec dodaj lubczyk i dopraw solą do smaku.

Zakwas z buraków

Pij codziennie jedną szklankę zakwasu w celu odbudowy krwi. To znakomita receptura dla osób z anemią.

Proporcje na 1 l zakwasu.

- 1 burak
- 0,5 l przegotowanej letniej wody
- 0,5 łyżki soli himalajskiej drobnej
- 1 ząbek czosnku

Przygotowanie:

Buraka umyj, obierz i pokrój w kostkę. Włóż na spód wyparzonego słoika razem z ząbkiem czosnku. Zagotuj wodę, rozpuść w niej sól i poczekaj, aż wystygnie. Zalej buraki letnim roztworem wody z solą. Zakręć słoik i odstaw na siedem dni w ciepłe, ciemne miejsce.

Placuszki z kaszy jaglanej i marchewki

- ½ szklanki kaszy jaglanej
- 1 marchew
- kilka źdźbełek zielonej cebulki
- 2 szczypty kurkumy
- ½ łyżeczki imbiru suszonego
- 1 łyżeczka majeranku
- sól himalajska lub morska
- 1 ząbek czosnku
- 1–2 łyżki masła klarowanego (do smażenia)
- ½ szklanki zmielonych migdałów lub mąki migdałowej bądź amarantusowej

Przygotowanie:

Ugotuj kaszę jaglaną. Umyj warzywa. Marchewkę obierz i zetrzyj na tarce o grubych oczkach. Zieloną cebulkę poszatkuj. Rozgrzej masło na patelni, wrzuć zieloną cebulkę oraz czosnek przeciśnięty przez praskę. Po zeszkleniu dodaj startą marchewkę. Gdy warzywa się podsmażą, przełóż je do miski i wymieszaj z ugotowaną kaszą jaglaną. Dodaj kurkumę, imbir, majeranek oraz sól do smaku, a także zmielone migdały lub mąkę. Ugnieć masę w rękach. Uformuj małe placuszki. Rozgrzej ponownie porcję masła na patelni i ułóż placuszki. Smaż aż do zrumienienia z obu stron. Ponieważ placuszki mają mniej zwartą konsystencję od placków ziemniaczanych, należy je bardzo ostrożnie przewracać i wykładać.

Zapiekanki z kaszy jaglanej na czas detoksu (i nie tylko)

Baza do zapiekanki

- 1 szklanka kaszy jaglanej
- ząbek czosnku
- jedna cebula
- sól himalajska lub morska
- 2 szczypty kurkumy
- ½ łyżeczki imbiru
- 2 łyżki masła klarowanego
- zmielone pestki dyni (niesiarkowane)

Przygotowanie:

Ugotuj kaszę jaglaną. Posiekaj cebulę i czosnek i podsmaż na maśle klarowanym. W zależności od wariantu dodaj warzywa umyte i pokrojone w talarki lub w kostkę i wszystko razem podduś na maśle klarowanym na małym ogniu pod przykryciem.

Do warzyw na patelni dodaj ugotowaną kaszę i wymieszaj ze szczyptą kurkumy, imbiru, soli i pieprzu. Jeśli lubisz świeże zioła, możesz dodać bazylię, lubczyk, majeranek do smaku. Wyłóż formę do pieczenia papierem i wypełnij masą. Włóż do piekarnika nagrzanego do 180°C. Piecz 20 minut.

Sprawdzony sposób na gotowanie kaszy jaglanej:

- Suchą kaszę uprażna suchej patelni, stale mieszając. Powinna zrobić się jaśniejsza i zacząć pachnieć.
- Uprażoną kaszę opłucz na sicie.
- Wrzuć kaszę do gotującej się wody w proporcji 3:1, czyli trzy szklanki wody na jedną szklankę kaszy.
- Gotuj kaszę na małym ogniu pod przykryciem, aż wchłonie całą wodę (około 15 minut).
- Odstaw ugotowaną kaszę na 15 minut, by doszła.

Kolorowe warianty:

czerwone warzywa (3 obrane ze skóry pomidory, 1 papryka, 2 surowe marchwie, szklanka ugotowanej czerwonej soczewicy)

fioletowe warzywa (2 ugotowane buraki, 4 rzodkiewki, szklanka ugotowanej czerwonej fasoli adzuki)

zielone warzywa (1 cukinia, pół ugotowanego brokułu, szklanka ugotowanego zielonego groszku, por, natka pietruszki)

białe warzywa (1 pietruszka, ćwiartka selera, kawałek pora, szklanka ugotowanej ciecierzycy)

Mączne smakołyki bez pszenicy

Kopytka jaglane

- 400 g ugotowanej kaszy jaglanej
- 100 g mąki ziemniaczanej
- łyżka masła
- ½ łyżeczki kurkumy
- sól

Przygotowanie:

Ugotowaną i ostudzoną kaszę jaglaną zmiel w maszynce do mięsa. Dodaj masło, mąkę, kurkumę i sól. Zagnieć ręką do uzyskania jednolitej masy, która nie powinna się zbytnio kleić. Uformuj wałeczki i krój je nożem na kawałki mniej więcej grubości palca. Możesz też uformować je na kształt klusek śląskich. Wrzucaj partiami do gotującej się, osolonej wody. Gotuj kilka minut od wypłynięcia (czas gotowania zależy od wielkości klusek, kopytka gotują się krócej niż kluski śląskie). Możesz dodać do masy dodatki np. szpinak, biały ser, marchewkę, brokuł. Na zdjęciu są kopytka ze szpinakiem. Razem z kaszą zmieliłam kilka garści świeżych liści szpinaku.

Pierogi orkiszowe

Ciasto:

- 350 g mąki orkiszowej jasnej
- 1 żółtko
- sól
- ok. ½–¾ szklank bardzo gorącej wody
- 3 łyżki masła

Przygotowanie:

Mąkę przesiej na stolnicę, zrób dołek, wbij do niego żółtko i dodaj sól. Posiekaj nożem. Do szklanki z wodą wrzuć masło i poczekaj, aż się rozpuści. Do mąki wymieszanej z żółtkiem wlewaj powoli wodę z rozpuszczonym masłem, cały czas mieszając nożem. Następnie zagniataj kilka minut, aż ciasto będzie elastyczne i nie będzie się kleić. W razie potrzeby dolej wody lub podsyp mąką. Ilość wody zależy od wilgotności i typu mąki. Oderwij kawałek ciasta (resztę trzymaj w misce przykrytej talerzykiem) i rozwałkuj. Dobrze zagniecione ciasto nie wymaga podsypywania mąką – nie klei się do blatu i wałka. Wycinaj kółka, nakładaj farsz łyżeczką i zlep brzegi. Układaj gotowe pierogi np. na kawałku papieru do pieczenia i przykrywaj bawełnianą ściereczką, a następnie wrzucaj je na osolony wrzątek partiami i gotuj kilka minut od wypłynięcia.

Farsz:

1. **Z soczewicy z cebulą i marchewką.** Ugotuj marchew i soczewicę, a następnie zmiksuj i poddus na patelni na maśle klarowanym z dodatkiem czosnku, poszatkowanej cebuli i przypraw.
2. **Z kapusty z pieczarkami i kaszą jaglaną**. Ugotuj kaszę jaglaną. Kiszoną kapustę podgotuj i poszatkuj. Pieczarki umyj, obierz i podsmaż na maśle klarowanym. Podsmaż wszystko na patelni z dodatkiem poszatkowanej cebuli i czosnku. Dopraw do smaku.
3. **Z białego sera z kaszą jaglaną.** Ugotowaną kaszę wymieszaj w równej proporcji z białym serem i zeszkloną cebulką. Dopraw solą i pieprzem
4. **Ze szpinakiem, z jagodami**, i... z tym wszystkim, co masz w lodówce, a nie wiesz, co z tym zrobić.

Naleśniki z dodatkami

Naleśniki:

- 1 jajo
- 6 łyżek stołowych mąki migdałowej
- 2 łyżki stołowe mąki ryżowej
- mleko migdałowe

Przygotowanie:

Wbij całe jajo do miski, dodaj 6 łyżek stołowych mąki migdałowej i 2 łyżki mąki ryżowej. Wymieszaj mikserem, dolej mleko, tak aby masa miała konsystencję gęstej śmietany. Dodaj szczyptę soli do smaku. Naleśniki smaż na maśle klarowanym lub oleju ryżowym. Delikatnie przewracaj je na patelni, aby ich nie uszkodzić – mają delikatniejszą konsystencję niż tradycyjne naleśniki. Wypełnij środek naleśnika farszem i zawiń, możesz obtoczyć w jajku i zmielonych migdałach, a następnie podsmażyć na patelni na maśle klarowanym. Ja często jem je bez panierowania. Smakują wyśmienicie.

Farsz 1:

- ½ szklanki kaszy gryczanej palonej
- 4 jaja ugotowane na twardo
- szczypiorek lub cebulka
- masło klarowane
- mąka jaglana

Przygotowanie:

W garnku zagotuj szklankę osolonej wody, gdy zacznie wrzeć, wrzuć do niej wypłukaną kaszę gryczaną. Gotuj ją 15 minut pod przykryciem. Gdy „wypije" całą wodę, jest gotowa. Odstaw kaszę w ciepłe miejsce, aby doszła, następnie dodaj do niej jaja ugotowane na twardo i podsmażony szczypiorek lub cebulkę. Zmiksuj wszystko za pomocą blendera.

Farsz 2:

- 1 awokado
- kilka pomidorków koktajlowych
- pół zielonego ogórka
- pół czerwonej papryki
- kiełki rzodkiewki
- oliwa z oliwek
- sok z połowy cytryny
- szczypta soli

Przygotowanie:

Pokrój awokado, pomidorki, ogórek, czerwoną paprykę, dodaj kiełki, wszystko wymieszaj z oliwą z oliwek i szczyptą soli oraz sokiem z połówki cytryny.

Inne jaglane przepisy

Kasza jaglana z bukietem gotowanych warzyw i kiszoną kapustą

- ½ szklanki kaszy jaglanej
- 2 buraki
- 1 brokuł
- 10 dag kapusty kiszonej
- 1 marchew

Przygotowanie:

Ugotuj kaszę jaglaną. Warzywa umyj i gotuj każde z nich w osobnym garnku (lub uparuj w parownicy). Marchewka powinna gotować się w osolonej wodzie 20 minut. Buraki w osolonej wodzie 40 minut, a brokuł 5 minut.

Kapustę kiszoną zalej wrzącą wodą na sitku i posiekaj. Zmieszaj z kaszą jaglaną, tak by otrzymać jednolitą masę. Po ugotowaniu obierz warzywa i pokrój w średniej wielkości kostkę. Łodygę brokułu oddziel od różyczek i podawaj ją osobno pokrojoną w kostkę. Ułóż bukiet na talerzu i dodaj kilka łyżek lub kulek kaszy jaglanej z kapustą.

Pieczone warzywa z kaszą jaglaną

- 1 szklanka kaszy jaglanej
- 1 mała dynia
- 3 buraki
- 1 cebula
- 2 marchewki
- olej ryżowy 100 procent
- sól himalajska lub morska
- majeranek

Przygotowanie:

Ugotuj kaszę. Warzywa dokładnie umyj i obierz. Pokrój w duże kawałki, aby zatrzymać ich naturalną witalność i słodycz. Nagrzej piekarnik do 180°C. Warzywa ułóż w naczyniu żaroodpornym, polej je olejem ryżowym, posyp solą himalajską
lub morską i majerankiem. Na spód naczynia wlej odrobinę zagotowanej wody,
aby warzywa zachowały wilgotność w czasie pieczenia. Piecz warzywa 80 minut. Kaszę można nałożyć łyżką do lodów, będzie wyglądała ciekawiej na talerzu. Warzywa udekoruj świeżą pietruszką.

Gulasz z warzyw z kaszą jaglaną

- ½ szklanki kaszy jaglanej
- 1½ szklanki wody
- 1 marchewka
- 1 pietruszka
- szczypior
- natka pietruszki
- 1 ząbek czosnku
- 1 cukinia
- sól himalajska
- majeranek
- kurkuma
- mąka ryżowa do zagęszczenia
- 2 łyżeczki masła klarowanego

Przygotowanie:

Ugotuj kaszę. Warzywa umyj, obierz i zetrzyj na tarce o grubych oczkach. Szczypior i natkę pietruszki posiekaj. Na patelni rozpuść masło i podsmaż cebulkę z czosnkiem. W garnku rozpuść masło i wrzuć warzywa, podduś je, aż zmiękną. Zalej wodą, gotuj na małym ogniu przez 20 minut. Dodaj zeszkloną cebulkę i czosnek oraz przyprawy i zagęść mąką (około 2 łyżeczek). Zalej kaszę gulaszem i posyp posiekaną natką i szczypiorkiem. Możesz podawać z ogórkiem małosolnym.

Sałata z gotowanymi warzywami

- sałata pekińska, zielona, roszponka, rukola
- 1 burak
- 5 rzodkiewek
- ¼ główki czerwonej kapusty
- szczypiorek
- ocet balsamiczny
- sok z ½ cytryny
- ksylitol
- sól himalajska

Przygotowanie:

Sałaty i warzywa umyj i osusz. Sałaty porwij na mniejsze kawałki i przygotuj ich mieszankę w misce. Buraka gotuj w skórce przez 40 minut. Czerwoną kapustę włóż do wrzątku na 5–7 minut. Gdy burak się ugotuje, obierz go i pokrój w kostkę. Kapustę poszatkuj, dodaj szczyptę soli i ksylitolu oraz sok z cytryny. Rzodkiewkę pokrój w kostkę, a szczypiorek posiekaj. Warzywa nałóż na miks sałat i polej octem balsamicznym.

Gulasz z cukinii z jaglanym purée

- ½ szklanki kaszy jaglanej
- 1 cukinia
- 2 marchewki
- 1 cebula
- sól himalajska
- kurkuma
- gałka muszkatołowa
- koperek
- starty parmezan
- mąka amarantusowa
- imbir
- masło klarowane

Przygotowanie:

Ugotuj kaszę jaglaną. Warzywa umyj i obierz. Marchewki zetrzyj na tarce o grubych oczkach. Cebulę poszatkuj, a cukinię pokrój w plastry. Na patelni rozpuść masło klarowane i po kolei podsmaż warzywa. Przełóż je do garnka i zalej przegotowaną wodą. Duś pod przykryciem 20 minut. Dodaj przyprawy oraz mąkę do zagęszczenia. Na koniec do garnka wsyp starty parmezan. Kaszę zmiksuj blenderem z odrobiną mleka kokosowego i z koperkiem. Poczekaj, aż kasza wchłonie mleko. Gdy ma już zwartą konsystencję, nakładaj na talerze łyżką do lodów. Polej gulaszem. Jedz z miksem sałat albo z ogórkiem małosolnym.

Papryka z patelni z farszem jaglanym i warzywami (na czas detoksu)

- 1 papryka
- 1 marchew
- 1 pietruszka
- 2 pomidory
- 1 cebula
- ząbek czosnku
- ½ szklanki kaszy jaglanej
- sól himalajska
- 2 łyżeczki masła klarowanego

Przygotowanie:

Ugotuj kaszę. Warzywa umyj i obierz. Paprykę przekrój na pół i wydrąż nasiona. Cebulę i czosnek posiekaj i podsmaż na maśle klarowanym. Marchew i pietruszkę zetrzyj na tarce o grubych oczkach i uduś w garnku z odrobiną wody oraz pomidorami obranymi i pokrojonymi w kostkę, dodaj cebulę i czosnek. Paprykę nadziej farszem i piecz w naczyniu żaroodpornym 20 minut w piekarniku nagrzanym do 180°C.

Zdrowe przekąski

Frytki z marchewki i batatów

Pieczona ciecierzyca

Kiełki na patelnię

- marchew
- bataty
- namoczona przez noc ciecierzyca

Przygotowanie:

Bataty i marchewki umyj, obierz, osusz i pokrój w cząstki, frytki lub kostki – jak wolisz. Ciecierzycę odsącz z wody. Następnie warzywa wymieszaj w oleju ryżowym z przyprawami (sól, pieprz, bazylia, suszony czosnek, słodka papryka, zioła prowansalskie). Rozłóż na blasze wyłożonej papierem do pieczenia. Piecz 20 minut w piekarniku nagrzanym do 180°C.

Poznaj
moje sposoby
na wyciszenie
umysłu
i rozluźnienie
ciała

Wieczór pozytywnej egoistki

To czas, w którym powinnaś zadbać o uspokojenie ciała, wyciszenie emocji oraz oczyszczenie umysłu z wrażeń minionego dnia. Wieczorem masz jedno najważniejsze zadanie: przygotować się do snu. W jaki sposób możesz to zrobić? Przez relaksację, wyciszenie, medytację, spacery, ciepłą kąpiel.

Wyprowadzam emocje na spacer

Dobrze jest po całym dniu przespacerować się na łonie natury. Wyobrazić sobie, że oto wyprowadzasz na spacer swoje emocje (smutek, żal, lęk, frustracje, podekscytowanie, radość, gniew). Spacerujesz z nimi 10–15 minut czasem godzinę, jeśli masz taką możliwość. Gdy kończysz spacer, przed wejściem do domu, żegnasz się ze swoimi towarzyszami, mówiąc im w duchu „do widzenia". Wieczorem i w nocy będzie towarzyszył ci spokój.

Uwalniam się...

Wszystko w życiu przemija. Cierpienie, nawet najdotkliwsze, nie trwa wiecznie. Zaufaj mi, że tak właśnie jest – wiem coś o tym! Pozwól przeminąć trudnościom, nie trzymaj się ich kurczowo (nie zasilaj ich swoją uwagą), a przekonasz się, że przyjdzie dobry moment i dla ciebie. Zapisz wieczorem na kartce wszystko, czego trzymasz się kurczowo. Czego nie chcesz odpuścić? Słów, które usłyszałaś od szefa? Może zdań, które w nerwach powiedziałaś mężowi? Być może trzymasz się jakiegoś oczekiwania? Zapisz to wszystko, co nie pozwala ci zasnąć, na kartce. Weź głęboki wdech i z wydechem powiedz do tego, co napisałaś: „Uwalniam cię! Pozwalam odejść!". Wyrzuć kartkę do kosza.

Siedzę w ciszy

Wieczorem przed pójściem spać posiedź 10 minut w kompletnej ciszy, w bezruchu z zawiązanymi oczami.

Oddycham

Wykonaj pełny głęboki wdech i wydech. Następnie zacznij wdech i podążaj za nim. Zastanów się: jakie to uczucie, gdy powietrze wpływa przez nos, a potem przez gardło, oskrzela, płuca? (Z każdym wdechem koncentruj się na coraz głębiej położonym punkcie, w którym odczuwasz przepływ). Dokąd zmierza? Jakie mięśnie są w to zaangażowane? Jak czujesz resztę swojego ciała? Czy jest rozluźnione, czy spięte? Powtórz to ćwiczenie dwa lub trzy razy, za każdym razem podążając za swoim oddechem. Spróbuj sobie wyobrazić, że jesteś badaczem obserwującym, jak oddycha ktoś inny, zwracając uwagę na najdrobniejsze szczegóły.

Znikam

Usiądź w spokojnym miejscu, możesz też wykonać medytację w wannie podczas kąpieli w ciepłej wodzie. Zacznij głęboko, powoli oddychać, wsłuchaj się w rytm oddechu. A teraz zacznij sobie wyobrażać, że znikasz. Poczuj, jak twoje ciało rozpuszcza się w wodzie lub w powietrzu, stajesz się lekka i niewidzialna. A teraz przyjrzyj się, jak wygląda świat, gdy już cię nie ma, gdy jesteś przeźroczysta. Na jedną minutę lub kilka minut spróbuj po prostu nie być. Gdy głęboko poczujesz i zrozumiesz, że bez ciebie świat sobie radzi, poznasz, co to znaczy być naprawdę wolnym. Przez tę minutę wszystko dzieje się bez ciebie. A teraz „wróć do siebie", powoli wstań i wróć do świata.

Medytuję

Wyprostuj plecy i jednocześnie rozluźnij ciało, twoja prawa noga powinna spoczywać na lewej lub przed nią. Ręce swobodnie połóż na kolanach. Poczuj strumień powietrza wchodzący i wychodzący przez czubek twojego nosa. Myślom i dźwiękom pozwól swobodnie przepływać, nie oceniaj ich, nie walcz z nimi i nie zasilaj uwagą. Pozwól, aby pojawiały się i znikały. Medytacja polega na bezwysiłkowym spoczywaniu w tym, co się wydarza. Jeżeli próbujemy osiągnąć efekt, do czegoś dążymy lub towarzyszy nam napięcie, nie jest to medytacja. Celem medytacji jest rozluźnienie umysłu. Nie zniechęcaj się jednak, gdy na początku praktyki twoja uwaga będzie podążała za pojawiającymi się myślami. To normalne. Nie oceniaj siebie, lecz wracaj wytrwale do koncentracji na oddechu. Z biegiem czasu myśli będzie mniej, a swobody więcej. Medytuj tyle, ile w danym dniu potrafisz. Nie zmuszaj się do medytacji przez określony

Akceptuję

Pozwól sobie na bezradność. To uczucie jest uwalniające! Wcale nie znaczy, że jeśli nie masz na coś wpływu, to jesteś słaba. Prawdziwa siła płynie z akceptacji, a nie z oporu. Zrób dziesięć głębokich, powolnych oddechów i rozluźnij całe ciało. Nie staraj się nic zmieniać, ulepszać. Powiedz do siebie: „Jest optymalnie. Akceptuję tę chwilę, bo i tak jej doświadczam".

Liczę barany...

Gdy byłam dzieckiem i nie mogłam zasnąć, rodzice powtarzali: „licz barany". Powiem szczerze, że dzisiaj doceniam zalety tej recepty. Często przed snem liczę w myślach od 1000 do 1. W ten sposób wyciszam umysł. Gdy się pomylę, wracam do początku – dzięki tej praktyce nie rozpamiętuję zdarzeń minionego dnia i nie skupiam się na planach.

Dziękuję

Wieczorem podziękuj za trzy rzeczy, które wydarzyły się tego dnia i pomyśl o trzech rzeczach, które chciałabyś widzieć w swoim życiu. Powiedz w myślach: „Otwieram się na miłość, radość, siłę, pieniądze" – to, czego w danej chwili pragniesz.

Obdarzam uwa-

swoje cia

Urządzam nietypowy wieczorny seans

Usiądź w wygodnej pozycji, tak abyś miała wyprostowane plecy. Zawiąż oczy chusteczką. Zrób pięć głębokich, powolnych oddechów brzusznych. Przenieś uwagę na oddech. Niczym w kinie zacznij oglądać obrazy z całego dnia. Zobacz (jak scenę na ekranie) wszystkie zdarzenia od końca do początku (czyli od wieczora do poranka, w odwróconej chronologii). Niech obrazy tego, co robiłaś, przepłyną ci swobodnie przed oczami, nie angażuj w nie emocji ani myśli. Z każdym z nich pożegnaj się wewnętrznie i pozwól odpłynąć (bez względu na to, czy doświadczenie było miłe, czy nieprzyjemne). Z wydechem odpuść wszystko, niech myśli swobodnie odpłyną razem z obrazami, z którymi się żegnasz. Powiedz na głos: „Wszystko jest mało ważne odległe i obojętne". Wdech... uspokajam się... wydech... odpuszczam. Praktykę zakończ wtedy, gdy poczujesz się gotowa do snu – czyli spokojna i zrelaksowana.

Dzisiaj obdarz uwagą tę część twojego ciała, która tego
'czególnie potrzebuje, np. pomasuj stopy, twarz, głowę, brzuch.
ów do narządów w twoim ciele miłe rzeczy – w ten sposób
'syłasz do swojego ciała dobrą energię i intencję.
codziennie zasypiam z rękami na brzuchu.

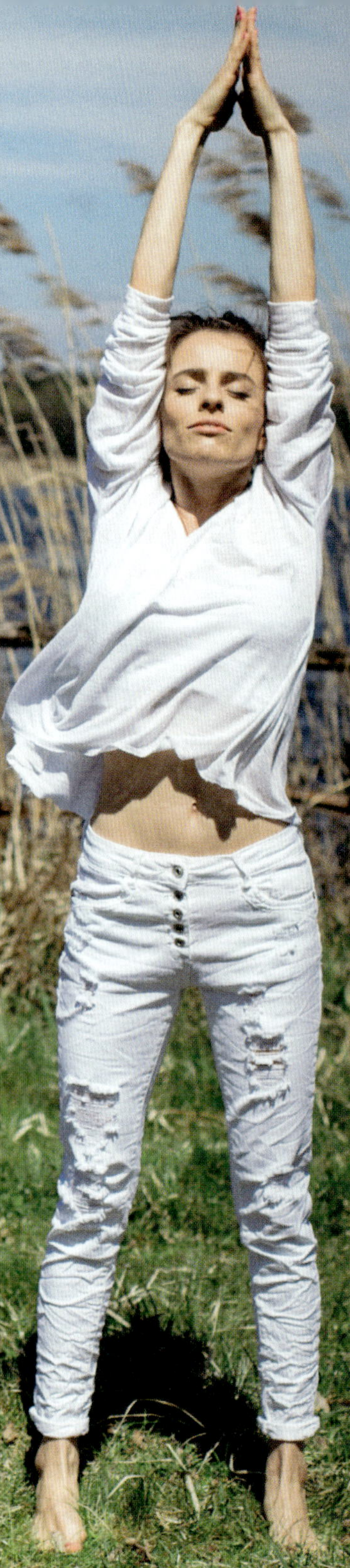

Poszczególne części ciała napinamy i rozluźniamy w następującej kolejności:

- **prawa noga** – możesz bardzo silnie napierać nogą na podłogę, jakby starając się wepchnąć stopę w ziemię
- **lewa noga** – znów silnie napieraj nogą na podłogę, jakby starając się wepchnąć stopę w ziemię
- **prawa ręka** – można pomóc sobie zaciskając pięść, rzecz jasna w fazie naprężania
- **lewa ręka**
- **pośladki**
- **plecy** – musisz dostosować się do pozycji, którą na początku wybrałaś. Siedząc, wpieraj plecy w oparcie; leżąc wyginaj się jakby w łuk, ściągając do siebie łopatki i odchylając głowę do tyłu
- **brzuch**
- **klatka piersiowa** – klatkę piersiową w każdej pozycji napinaj, kuląc się do przodu: zbliżając do siebie barki i pochylając głowę w przód; równocześnie staraj się świadomie naprężyć mięśnie; w przeciwnym wypadku skończy się na może ciekawych, ale nieprzydatnych dla naszych celów akrobacjach
- **kark** – napinaj go, wpierając z całej siły głowę w oparcie fotela lub tapczan
- **twarz** – możesz z całej siły zacisnąć zęby albo wykrzywić się okropnie, marszcząc czoło, zaciskając powieki i otwierając szeroko usta jak przy ataku ziewania

Uwalniam napięcie skumulowane w ciele

Cała praktyka opiera się na cyklu: Wdech – napięcie, zatrzymanie, wydech – odprężenie. Dwukrotne przejście w ten sposób przez wszystkie grupy mięśniowe usuwa większość napięć. Jeden pojedynczy cykl zajmuje niewiele czasu – dziesięć wolnych oddechów, czyli kilka minut.

Usiądź wygodnie lub połóż się na wznak. Jeżeli siedzisz, plecy muszą być wygodnie oparte, a ręce spoczywać na poręczach fotela. Początkowo pozycja leżąca będzie dla ciebie łatwiejsza. Z kolei jeśli nauczysz się relaksować siedząc, będziesz mogła robić to niemal w każdych warunkach. Zrób głęboki, ale niewymuszony, wdech i zatrzymując oddech napnij maksymalnie **mięśnie prawej nogi**. Możesz bardzo silnie napierać nogą na podłogę, jakby starając się wepchnąć stopę w ziemię. Poczujesz silne napięcie. Wytrzymaj przez chwilę w tej pozycji. Wraz z wydechem zwolnij nacisk. Mięśnie automatycznie się rozluźnią. Możesz w myślach powiedzieć sobie:
„Moja prawa noga jest rozluźniona", „Jestem odprężona" albo po prostu: „Spokój". Niektórym taka afirmacja pomaga, nie jest jednak konieczna.

Skanuję ciało przed snem

Usiądź wygodnie. Skup uwagę na bodźcach dźwiękowych. Tylko słuchaj, nie analizując dźwięków. Teraz słyszysz szuranie. Teraz głosy zza okna. Teraz przejechał samochód. Znowu głosy zza okna. Szuranie. Szum wody. Śpiew ptaków. Głosy zza okna. Tylko słuchasz... Teraz przełącz uwagę na odczuwanie ciała. Najpierw skup się na stopach. Wyobraź sobie, jak są ułożone. Spoczywają płasko na podłodze czy opierają się o nią piętami? Staraj się odczuć swoje stopy. Zacznij od pięt, teraz podbicie i palce po kolei, od największego do najmniejszego. Skup się na odczuciach płynących ze stóp. Sprawdź, czy w jakimś miejscu nie dotykają czegoś lub czy nie uwierają cię buty. Koncentruj się na stopach. Teraz przenieś uwagę na dłonie. Wyobraź sobie, jak są ułożone, wierzchem do dołu lub do góry. Są rozluźnione lub zaciśnięte. Staraj się poczuć swoje dłonie, najpierw wnętrze, potem poszczególne palce, teraz grzbiet. Skupi się na bodźcach dochodzących z twoich dłoni. Może czujesz na nich dotyk materiału? Koncentruj się na dłoniach. Teraz przenosisz uwagę na kolana. Czy są zgięte, czy wyprostowane? Czy czujesz na nich dotyk materiału? Czy czujesz w nich jakieś napięcie, czy pozostają swobodne? Teraz przenieś uwagę na łokcie. Czy są zgięte, czy wyprostowane? Czy czujesz na nich dotyk materiału? Czy czujesz w nich jakieś napięcie, czy pozostają swobodne? Teraz przenieś uwagę na biodra. Skup ją na tym rejonie, który styka się z krzesłem (podłożem). Czy czujesz tutaj jakieś napięcia? Teraz obejmujesz uwagą całe biodra. Może uwiera cię ubranie lub czujesz jakieś inne napięcia w tym rejonie. Obejmij uwagą całe biodra. Teraz przenieś uwagę na barki. Są proste lub uniesione, a może pochylone? Jeśli tak, to w przód czy w tył? Czujesz w nich jakieś napięcia lub są swobodne.

Teraz przenieś uwagę na czubek głowy. Wyobraź sobie jego położenie. Twój czubek głowy celuje prosto w górę lub jest pochylony. Jeśli tak, to w którą stronę? Teraz przenieś uwagę na skórę. Znajdź dwa miejsca odsłonięte i skoncentruj się na poczuciu dotyku powietrza na nagiej skórze. Teraz znajdź dwa miejsca przykryte materiałem i skoncentruj się na odczuciu dotyku ubrania. Teraz przenieś swoją uwagę na oddech. Wdech, wydech, wdech, wydech, wdech, wydech. Otwórz oczy.

Szybki torcik

Biszkopt:

- 4 jajka
- 5 łyżek cukru trzcinowego
- 6 łyżek mąki orkiszowej jasnej

Przygotowanie:

Jajka powinny być w temperaturze pokojowej, dlatego wyjmij je kilka godzin przed pieczeniem lub włóż na kilkanaście minut do miski z ciepłą wodą. Przygotuj tortownicę o średnicy 25–27 cm, wykładając jej dno papierem do pieczenia. Rozgrzej piekarnik do temperatury 170–180°, pamiętaj, że to nagrzany piekarnik ma czekać na ciasto, nigdy odwrotnie.

Oddziel białka od żółtek. Na najwyższych obrotach miksera ubij białka na sztywną pianę. Cały czas ubijając, dodawaj po łyżce cukru, dbając, by cukier dokładnie połączył się z białkami. Następnie dodawaj po jednym żółtku, postępując tak jak przy cukrze. Ubijaj jeszcze przez chwilę. Na sitko wsyp 6 łyżek mąki i przesiewaj ją do miski z ubitymi jajkami, delikatnie mieszając łyżką. Zrób to sprawnie, ale bardzo ostrożnie. Przelej masę do tortownicy i od razu włóż do nagrzanego piekarnika. Piecz około 30 minut do tzw. suchego patyczka.

eli chcesz, by twój
rcik miał kilka warstw,
ten sam sposób upiecz
zcze jeden lub dwa placki
szkoptowe. Możesz też
iec jeden duży biszkopt
orzekroić go na blaty.

przepis na masę do przełożenia biszkoptu znajdziesz na następnej stronie

Masa do przełożenia (na jeden biszkopt):

- 2–3 dojrzałe banany
- kilka łyżek ugotowanej kaszy jaglanej
- łyżka masła klarowanego lub oleju kokosowego

Przygotowanie:

Na patelni rozpuść tłuszcz, dodaj pokrojone banany i smaż, aż zmiękną i całkowicie się rozpadną. Ostudź, przełóż do misy blendera i utrzyj na gładką masę. Dodawaj po łyżce kaszy, za każdym razem ucierając, aż uzyskasz na tyle gęstą masę, że nie będzie spływać z tortu. Jeżeli masa wyda ci się mało słodka, możesz dodać miodu lub syropu daktylowego albo klonowego.

Możesz nasączyć biszkopt np. ponczem cytrynowym (woda z sokiem z cytryny i cukrem, ewentualnie ze spirytusem), sokiem pomarańczowym (najlepiej świeżo wyciśniętym) rozcieńczonym wodą – z powodzeniem zastąpi on poncz. Możesz też posmarować biszkopt dżemem (np. z jabłka i owoców leśnych, patrz s.202).

Inne pomysły to polanie czekoladą z awokado (patrz s. 273) i udekorowanie bitą śmietaną kokosową (patrz s. 267) i truskawkami lub malinami. Tort możesz też udekorować kawałkami banana (skrop je sokiem z cytryny, wtedy nie sczernieją), jagodami, brzoskwiniami lub innymi ulubionymi owocami.

Przekładanie torciku:

Na tortownicy połóż jeden blat biszkoptowy, nasącz ponczem, posmaruj dżemem (jeżeli chcesz), rozsmaruj krem bananowo-jaglany. Jeżeli robisz jedną warstwę, posmaruj wierzch i boki czekoladą z awokado i udekoruj bitą śmietaną i czekoladą. Jeżeli natomiast robisz wyższy tort, to masę bananową przykryj kolejnym blatem biszkoptowym i powtórz wszystko od początku. Gotowy tort włóż przynajmniej na kilka godzin do lodówki. Bitą śmietaną i owocami najlepiej udekorować przed samym podaniem.

Roladki migdałowe z domową konfiturą

- 2 jaja
- 6 łyżek stołowych mąki migdałowej
- 6 łyżek stołowych mąki amarantusowej
- 1 szklanka mleka migdałowego
- szczypta soli himalajskiej
- zmielone migdały niesiarkowane
- garść suszonych moreli
- garść suszonej żurawiny
- garść suszonych śliwek
- olej ryżowy 100 procent do smażenia

Przygotowanie:

Suszone owoce namocz w ciepłej wodzie, aż zmiękną. Jaja zmiksuj z mlekiem i mąką. Usmaż naleśniki na oleju ryżowym. Namoczone owoce wyjmij z wody i zmiksuj blenderem na gładką masę. Naleśniki posmaruj konfiturą i zawiń, tworząc roladę, a następnie pokrój w paski.

Czekolada daktylowa z amarantusem i owocami

- 10 daktyli
- 2 łyżeczki karobu
- szczypta soli himalajskiej lub morskiej
- owoce sezonowe
- amarantus ekspandowany

Przygotowanie:

Daktyle mocz w ciepłej wodzie przez minimum 2 godziny. Gdy będą miękkie, utrzyj je blenderem, dodając gruszkę, karob i szczyptę soli. Nałóż do miseczki i dodaj ekspandowany amarantus oraz sezonowe owoce, jeśli chcesz możesz przełożyć czekoladę orkiszowym biszkoptem. Masę schłodź w lodówce (ulubiona wersja Tomka) lub jedz, gdy jest jeszcze ciepła (moja ulubiona wersja).

Muffinki jaglane

- ok. 350 g ugotowanej kaszy jaglanej (możesz też ugotować z dodatkiem mleka kokosowego)
- ok. 50 g mleka kokosowego
- 1 jajko
- ok. 100 g namoczonych rodzynek
- 1 czubata łyżeczka oleju kokosowego lub masła klarowanego
- 1 duże, słodkie jabłko starte na papkę
- cynamon

Przygotowanie:

Do ugotowanej gorącej kaszy dodaj olej kokosowy, poczekaj, aż się rozpuści, a kasza lekko przestygnie. Przełóż kaszę do misy blendera, dodaj mleko, jabłko i cynamon. Zmiksuj, dodaj jajko (uwaga, aby białko się nie ścięło, masa nie może być zbyt ciepła) i ponownie zmiksuj. Konsystencja powinna być dość gęsta, ale masa nie może łatwo spadać z łyżki (w razie potrzeby dodaj więcej kaszy lub mleka kokosowego). Na koniec dodaj rodzynki i wymieszaj wszystko łyżką. Przełóż do silikonowych foremek na muffinki. Piecz w temperaturze 180°C przez ok. 20 minut. Odstaw do całkowitego ostygnięcia. Muffinki możesz też włożyć na kilka godzin do lodówki, wtedy są jeszcze lepsze. Podawaj polane musem truskawkowym lub malinowym, syropem daktylowym albo klonowym lub z bitą śmietaną kokosową.

Bita śmietana kokosowa

- puszka mleka kokosowego (bez żadnych dodatków, tylko ekstrakt kokosowy i woda)
- kilka łyżeczek cukru pudru (może być z cukru trzcinowego lub ksylitolu)

Przygotowanie:

Puszkę z mlekiem włóż do lodówki, najlepiej do góry dnem na minimum dobę (im dłużej, tym lepiej). Otwórz puszkę i odlej wodę. Do miski przełóż tłuszcz kokosowy – powinien być bardzo twardy. Dodaj cukier i ubijaj na średnich obrotach miksera, pod koniec zwiększ na największe.

Ciasteczka musli

- szklanka płatków orkiszowych (ewentualnie owsianych)
- po garści: nasion słonecznika, rodzynek, suszonej żurawiny, suszonych moreli, suszonych fig, dowolnych orzechów (np. włoskie, nerkowca, laskowe), migdałów, daktyli
- 1 jajko
- 1-2 łyżki miodu

Przygotowanie:

Wymieszaj w misce płatki z bakaliami (orzechy posiekaj, morele, figi, daktyle pokrój na mniejsze kawałki). Dodaj miód i roztrzepane jajko. Im więcej dasz słodkich bakalii, tym dodaj mniej miodu. Najlepiej spróbuj masy przed dodaniem jajka. Jeśli chcesz poprawić konsystencję, zamiast dodawać więcej miodu, dodaj lepiej odrobinę wody.Formuj wilgotnymi dłońmi okrągłe lub kwadratowe ciasteczka. Kładź na blachę wyścieloną papierem do pieczenia i lekko spłaszcz. Piecz w temperaturze 150–160°C około 15 minut, do momentu, aż się zaczną rumienić.

Trufla

- 10 suszonych daktyli
- 2 łyżeczki karobu
- szczypta soli himalajskiej lub morskiej
- wiórki kokosowe

Przygotowanie:

Mocz daktyle w ciepłej wodzie przez minimum 2 godziny. Gdy zmiękną, utrzyj je blenderem na gładką masę, dodaj karob i szczyptę soli. Uformuj z masy kuleczki i obtocz je w wiórkach kokosowych. Pycha!

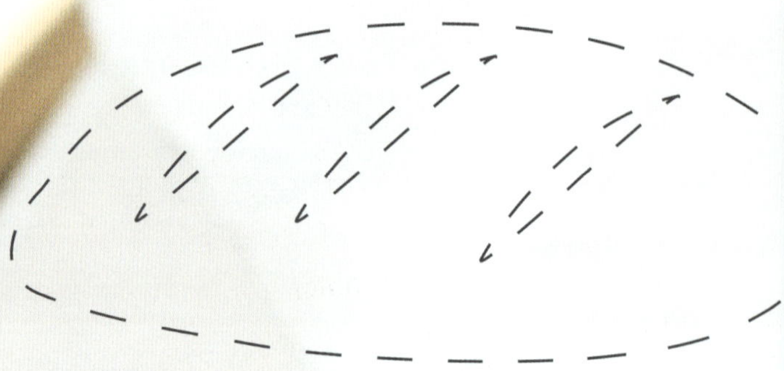

Słodki chlebek marchwiowo-jabłkowy

To świetny zamiennik pszennych drożdżówek, croissantów i pączków. Dzieci go uwielbiają. Sprawdziłam to na moim siostrzeńcu Stasiu.

- 3 łyżki stołowe oleju kokosowego
- 3 jaja
- ¼ szklanki przesianej mąki kokosowej
- 1 łyżeczka bezglutenowego proszku do pieczenia
- 1 marchew starta na tarce o grubych oczkach
- 1 jabłko starte na grubych oczkach

Przygotowanie:

Roztop w rondelku na małym ogniu olej kokosowy i poczekaj, aż wystygnie. Zmiksuj jaja z olejem i dodaj przesianą mąkę kokosową z proszkiem do pieczenia, dodaj starte jabłko i marchew. Ubijaj ciasto tak długo, aż nie będzie grudek. Wylej masę do natłuszczonej i wysypanej mąką migdałową podłużnej foremki. Piecz chlebek przez 45 minut w piekarniku nagrzanym do 175°C.

Słodki chlebek bananowy

- 1 rozgnieciony dojrzały banan
- 8 jaj
- ½ szklanki mleczka kokosowego
- ¾ szklanki mąki kokosowej
- 1 łyżeczka bezglutenowego proszku do pieczenia
- szczypta soli himalajskiej

Przygotowanie:

Zmiksuj rozgniecionego banana, jajka, mleczko kokosowe i sól. Wymieszaj mąkę kokosową z proszkiem do pieczenia i dodaj do masy. Ubij ciasto mikserem na gładką masę i wylej do foremki (średniej podłużnej) natłuszczonej i posypanej mąką migdałową. Piecz 60 minut w temperaturze 175°C.

Słodki chlebek migdałowy

- 1 rozgnieciony dojrzały banan
- 6 jaj
- ½ szklanki mleczka kokosowego
- ½ szklanki mąki migdałowej
- 1 łyżeczka bezglutenowego proszku do pieczenia
- szczypta soli himalajskiej

Przygotowanie:

Zmiksuj rozgniecionego banana, jajka, mleczko kokosowe i sól. Wymieszaj mąkę z proszkiem do pieczenia. Dodaj do masy. Ubij ciasto mikserem, tak aby nie było grudek, i wylej do foremki (średniej podłużnej) natłuszczonej i posypanej mąką migdałową. Piecz 40 minut w 175°C.

Pieczone jabłko

- 1 soczyste słodkie jabłko
- 3 suszone morele
- 3 owoce suszonej żurawiny
- mleczko kokosowe

Przygotowanie:

Morelę i żurawinę mocz w ciepłej przegotowanej wodzie przez około 20 minut. Umyj jabłko, wydryluj gniazdo nasienne (uważaj, żeby nie powstała dziura na wylot). Namoczone wcześniej owoce pokrój w drobne kawałki i włóż do wydrążonego otworu w jabłku. Jabłko włóż do naczynia żaroodpornego, wlej kieliszek przegotowanej wody na dno i wstaw do piekarnika nagrzanego do 150°C. Piecz 20 minut. Na koniec obierz jabłko ze skórki i polej mleczkiem kokosowym.

Lody owocowe

- 1 banan
- truskawki
- 1 pomarańcza
- mleczko kokosowe

Lody bananowe

Zmiksuj rozgniecionego banana z mleczkiem kokosowym.

Lody truskawkowe

Zmiksuj truskawki z mleczkiem kokosowym.

Lody pomarańczowe

Zmiksuj sok i miąższ pomarańczy z mleczkiem kokosowym. Płyn rozlej do silikonowych foremek i zamroź.

Krem czekoladowy z awokado

- 1 dojrzałe awokado
- ok. 2 łyżeczek gorzkiego kakao (możesz dodać więcej, jeżeli chcesz, by krem był bardziej czekoladowy; próbowanie w trakcie przygotowywania bardzo wskazane)
- coś do posłodzenia, np. miód, syrop daktylowy lub klonowy, lub z agawy
- kilka namoczonych daktyli (ile, to kwestia twojego smaku, zacznij od 2 łyżeczek daktyli)
- odrobina mleka kokosowego lub zwykłego, ostatecznie wody (potrzebujesz tyle, żeby uzyskać odpowiednią konsystencję)

Przygotowanie:

Awokado obierz ze skórki, pokrój na kawałki i włóż do misy blendera. Dodaj kakao i słodzidło (miód lub syrop), utrzyj. Spróbuj i dodaj kakao, słodzidło lub mleko, ponownie utrzyj i ponownie spróbuj. Powtarzaj, aż będzie ci smakować. Jeżeli chcesz wykorzystać krem jako polewę do tortu, przygotuj rzadszy. Jeżeli ma być czekoladowym budyniem, zrób bardziej gęsty. Taki budyń podany z truskawkami, kokosową bitą śmietaną i posypany płatkami migdałowymi będzie wspaniałym deserem i zachwyci gości. Możesz też zmodyfikować smak, dodając banana (zmniejsz wtedy ilość słodzidła).

Codzienna porcja światła słonecznego w płynie - koktajle na kolacje

Porcja zielonego koktajlu zawiera wszystkie istotne minerały, niezbędne witaminy, aminokwasy – to nie tylko bomba energetyczna (jej działanie czujemy natychmiast po wypiciu mieszanki, gdy wstępują w nas nowe siły i wprost skaczemy jak Gumisie), również pełnowartościowy, sycący posiłek. Dlaczego warto przygotowywać zieleninę w formie płynnej? Z uwagi na jej wchłanianie – zielone części roślin mają wysoką zawartość celulozy, co utrudnia ich rozkładanie w układzie pokarmowym. Specjaliści zalecają, by stosować różne odmiany zieleniny, bowiem w ten sposób dostarczamy swojemu organizmowi zróżnicowane składniki odżywcze. Osoby, które dopiero zaczynają swoją przygodę z zielonymi koktajlami (ja również do nich się zaliczam), powinny stopniowo wprowadzać je do diety. Należy pamiętać o tym, by zielonego koktajlu nie łączyć z innymi posiłkami, najlepiej pić go czterdzieści minut przed lub po posiłku. Nie przyrządzam jednego koktajlu ze zbyt wielu składników (podobną zasadę wyznaję, przygotowując sałatki), ponieważ to utrudnia procesy trawienne. Spożywając pokarmy zielone, pamiętam o zasadzie minimalizmu: suma prostych składników daje najlepszy efekt oraz lepsze jest wrogiem dobrego. Lubię łączenie prostych składników, takich jak porcja zieleniny (jarmuż, pietruszka naciowa, szpinak, boćwina, rukola, roszponka, sałata) z owocami i wodą. Czasami dodaję również orzechy lub nasiona, jednak to spowalnia przyswajanie koktajlu, więc zalecam to połączenie okazjonalnie.

"Chlorofil to cudowna substancja: w gruncie rzeczy to światło słoneczne w płynie, cząstka chlorofilu to podstawa wszelkiego rodzaju węglowodanów na naszej planecie. To oznacza, że nie ma cukru, miodu, ziemniaka, makaronu, ryżu czy chleba, który nie wywodziłby się z cząstki chlorofilu. Cała energia zawarta w pożywieniu pochodzi od słońca"[21] - pisze Victoria Boutenko, która od lat zajmuje się propagowaniem zielonej żywności.

[21] V. Boutenko, *Rewolucja zielonych koktajli*, Wydawnictwo Purana, Wrocław 2010, s. 3.

Sądzę, że bajkowe Gumisie, których przygody z zapartym tchem oglądałam w dzieciństwie, swój wyskokowy sok przygotowywały właśnie na bazie zieleniny. Choć jego receptura była owiana tajemnicą, jestem przekonana, że jednym ze składników był chlorofil.

Niektóre koktajle owocowe przygotowuję na bazie mleczka koksowego albo wody kokosowej – mają wtedy deserowy posmak i aksamitną konsystencję. Koktajle na bazie mleczka kokosowego i wody kokosowej warto przygotowywać szczególnie latem, ponieważ wspaniale gaszą one pragnienie i usuwają skutki gorąca z organizmu. Owoce palmy kokosowej – nazywanej „drzewem życia" – są traktowane jak lek na wiele dolegliwości, mleczko kokosowe ma cenne wartości odżywcze, uważa się je za „superfood". Ciekawostką jest to, że ludność afrykańska, która spożywa orzechy kokosa w dużej ilości, nigdy nie zapada na takie choroby jak cukrzyca, otyłość czy kłopoty z sercem.

Koktajle deserowe na bazie mleczka lub wody kokosowej

Aksamitne orzeźwienie

- banan
- dwie szklanki soku z pomarańczy
- amarantus ekspandowany do dekoracji (dodatek)

Radosna chwila

- banan
- szklanka truskawek
- pół szklanki żurawiny
- szklanka wody kokosowej

Leśna przygoda

- banan
- 2 szklanki owoców lasu (jeżyny, jagody, maliny)
- szklanka mleczka kokosowego

Żółta mgiełka

- banan
- 1 dojrzałe mango
- szklanka mleczka kokosowego

Bananowa uczta

- 2 banany
- szklanka wody kokosowej
- mielone orzechy (według upodobań)

Zielona bomba witaminowa

- banan
- 2 kiwi
- szklanka jarmużu
- szklanka wody

Koktajle na kolacje i na czas detoksu

Ostro-słodka witamina

- 2 łodygi selera naciowego
- 1 cm korzenia imbiru
- 2 brzoskwinie

Zielona energia

- pęczek świeżej pietruszki
- obrany ogórek
- banan
- 2 szklanki wody

Wybuchowa mieszanka

- 2 szklanki szpinaku
- banan
- szklanka wody
- granat

Truskawkowa uczta

- banan
- 2 szklanki wody
- połowa awokado
- 1 l truskawek (świeżych lub mrożonych)

Receptury Kasi na bazie ziół

Kwiatowa sałatka wiosenna

Po co kupować pryskaną sałatę w supermarkecie, skoro składniki na pyszną i zdrową sałatkę można znaleźć wokół nas? Wyjdźmy do ogrodu, na spacer i rozejrzyjmy się. Prawie wszystkie wiosenne zioła nadają się do jedzenia na sałatkę. Przy okazji rozruszamy się trochę i pogimnastykujemy, szukając i zbierając zioła. Nie mówiąc już o zbawiennym działaniu spacerów na świeżym powietrzu! Przygotowałam kilka inspiracji dla ciebie.

Pierwsza to zestaw roślin, które zbieram w naszym ogrodzie i które z przyjemnością zajadamy na wiosnę.

Na zdjęciu od lewej na półkręgu: fiołek polny (*viola odorata*), czosnek niedźwiedzi (*allium sativum*), rzeżucha ogrodowa (*lepidium sativum*), stokrotka (*bellis perennis*), mniszek (*taraxacum offic.*), dąbrówka (*ajuga reptans*), bluszczyk kurdybanek (*glechoma hederacea*) i u góry rozmaryn. Wszystkie one mają działanie oczyszczające ze złogów zimowych i gorących toksyn. Zawierają mnóstwo witamin, minerałów, garbniki, saponiny i olejki eteryczne stymulujące przemianę materii i system obronny.

Zebrane zioła przepłukujemy wodą, odsączamy i tniemy na kawałki. Dodajemy np. awokado, kozi ser, pomidory, rzodkiewki, prażone orzechy. Sałatkę skrapiamy oliwą i octem balsamico albo słodkim octem owocowym.

Pesto z czosnku niedźwiedziego

Substancje czynne czosnku niedźwiedziego to przede wszystkim olejki eteryczne zawierające siarczki i wielosiarczki allinowe o silnym działaniu bakteriobójczym i odśluzowującym, a także flawonoidy, saponiny, enzymy, minerały i witaminy. To niesamowita mieszanka wybuchowa oczyszczająca nasze tkanki, naczynia krwionośne, krew, wątrobę, serce, regulująca ciśnienie krwi, poziom cholesterolu.

- liście czosnku niedźwiedziego
- orzechy pinii i ziarna słonecznika
- oliwa z oliwek
- sól himalajska

Przygotowanie:

Upraż nasiona pinii albo słonecznika i zmiel je lub posiekaj na drobno. Przygotuj miskę z oliwą. Liście opłucz w zimnej wodzie i osącz. Najpierw potnij je w poprzek w wąskie paseczki, a następnie wrzuć do miski z oliwą i zmiksuj na jednolitą masę. Użyj tyle oliwy, żeby powstała lekko płynna konsystencja. Dodaj zmielone orzechy i posól dosyć mocno. Przełóż do słoiczków i dolej trochę oliwy, tak aby powierzchnia pesto była przykryta i chroniona przed tlenem. Powtarzaj to po każdym odjęciu pesto ze słoiczka. Tak przygotowane pesto może być przechowywane w lodówce przez kilka tygodni. Można zrobić pesto również ze sparzonych liści, które można dłużej przechowywać, ale tracą one wtedy swój aromat i część właściwości.

Przygotowanego w ten sposób pesto z czosnku niedźwiedziego można używać, np. do czerwonego mięsa albo wykorzystać je jako podstawę do sosu, wystarczy dodać trochę oliwy, jogurtu albo kwaśnej śmietanki. Taki sos jest świetnym dodatkiem do klusek, szparagów, karczochów, ziemniaków.

odżywianie 20%
ruch 20%
pozytywne nastawienie 20%
serwisowanie narządów 40%
ZDROWIE

Dagmara Skalska
Marcin Wąsik

Część III¶

Serwisowanie narządów wewnętrznych – Calligraphy Health System¶

Serwisowanie narządów wewnętrznych

Master Yang uwielbia markowe, ekskluzywne samochody, zapewne dlatego często zadaje swoim uczniom pytanie:
– Gdybyście byli właścicielami ferrari albo rolls-royce'a, czy zamiast regularnego serwisu: przeglądu silnika, uzupełniania oleju, wymiany filtrów, kontroli hamulców, mylibyście tylko i polerowali karoserię? –Odpowiedź na to pytanie wydaje się na tyle oczywista, że nikt nie odpowiada, tylko każdy ze zrozumieniem kiwa głową. – W takim razie dlaczego nie serwisujecie swoich narządów wewnętrznych, tylko bezmyślnie polerujecie karoserię na siłowni czy w salonach urody?!
– Wypala swoim zdecydowanym tonem.

– ...?

Stoimy z Marcinem zdziwieni.
– Nie wiedzieliśmy dotąd, że to możliwe! – chcemy odpowiedzieć.

Lecz Master Yang wyciąga rękę przed siebie i zaczyna wyliczać na palcach:

– Dwadzieścia procent to dobre odżywianie, dwadzieścia procent to ruch, dwadzieścia procent to pozytywne nastawienie, a aż czterdzieści procent to serwisowanie narządów wewnętrznych! Jeśli wasze organy będą działały właściwie, to nie musicie tyle uwagi przykładać do diety. Jeśli jednak macie upośledzoną pracę narządów, możecie jeść czyste, ekologiczne produkty, a i tak nie będziecie zdrowi.

Potakujemy pokornie – brzmi logicznie, prawda?

– Tylko jak serwisować swoje narządy?! – pytamy.

– Bardzo prosto! – wykrzykuje mistrz Shaolin i aż podskakuje z radości. – Głównym celem systemu Calligraphy Health jest serwisowanie narządów, czyli ich dotlenienie, odpowiednie ukrwienie, systematyczne oczyszczanie. Wystarczy, że codziennie rano będziecie wykonywali poranny program, a gwarantuję wam, że będziecie zdrowi! – mówi z naciskiem. W mojej rodzinie wszyscy żyją dłużej niż sto lat i są niezwykle witalni – dodaje.

Dla nas brzmi nieźle, a dla ciebie?

Doświadczyliśmy działania tego systemu i muszę przyznać, że jego praktyka niesie wiele korzyści. Po pierwsze, już po kilku minutach ćwiczeń czujesz, jak twoje wnętrze harmonizuje się i uspokaja. Po drugie, wyraźnie podnosi się poziom życiowej energii. Po trzecie, reguluje się praca narządów wewnętrznych. Przekonałam się o tym w Australii, gdy każdego dnia wstawaliśmy o 4:30 i wbrew moim obawom nie musiałam nastawiać budzika – moje jelita służyły za zegarek. Jeśli więc połączysz praktykę Calligraphy Health z detoksem i regularnym snem, uzyskasz najlepszy efekt.

Ciało jak pokorny osiołek...

Gdy Master Yang poprosił, byśmy popularyzowali jego system w Polsce, pierwsze, o czym pomyśleliśmy: jak opowiedzieć za pośrednictwem książki system, który wymaga żywego przekazu mistrza? Kto w dzisiejszym świecie, który pędzi i nastawiony jest na efekty, zechce praktykować układ, którego celem jest wgląd do wewnątrz i nawiązanie kontaktu z samym sobą? Siłownie pełne są spoconych kobiet i mężczyzn, którzy spalają tłuszcz i budują masę mięśniową, jednocześnie pogłębiając swój konflikt z organizmem. Nigdy nie zapomnę serii spotkań „egoistkowych", które kilka lat temu prowadziliśmy z Tomkiem w salach znanej sieci fitness.

Jestem zdania, że we wszystkim potrzebna jest świadomość, dlatego wielką miłością darzę system, w którym umysł i ciało idą wspólnie w tym samym kierunku i nie trzeba ich od siebie separować, by osiągnąć zamierzony cel.

Natychmiast po przekroczeniu progu tego gmachu uderzył nas intrygujący widok. Pod ścianami stały bieżnie, a na nich truchtali ludzie, a w zasadzie tylko ich ciała, bowiem umysły były zupełnie w innym miejscu – w małych telewizorkach przyczepionych do bieżni. Niektórzy oglądali „Hansa Klosa", inni „Seks w wielkim mieście", ważne było to, by zagłuszyć ten nieprzyjemny głos płynący z ciała i „zaliczyć trening". Spodobało mi się określenie, którego wtedy użył Tomek: „Wyprowadzają swoje ciało jak pokornego osiołka, a ciało musi słuchać...". Przyznaję, że choć jestem wielką zwolenniczką aktywności fizycznej, jednak z dystansem obserwuję różnorodne akcje promujące ruch, w których czasami (często?) brakuje świadomości, kontaktu z ciałem i szacunku do niego.

Być może zabrzmię jak Kurczak Mały, mówiąc te słowa, ale wydaje mi się, że nawet do tego, by wprowadzić do swojego życia ruch i aktywność, trzeba się na chwilę **zatrzymać** i... pomyśleć. Zapytać swoje ciało, czy ten rodzaj aktywności mi pomaga, czy szkodzi. Sprawdzić, czy narządy są na tyle wydolne, by udźwignąć ambitny plan treningowy, który rozpisał nasz hiperaktywny umysł. Jeden z uczniów Master Yanga, Simon Borg-Olivier (popularny mistrz jogi w Australii) podzielił się swoją obserwacją: „Od kiedy zacząłem nauczać systemu Calligraphy Health, liczba moich uczniów na zajęciach zmalała. Ponieważ nie uczę ich spektakularnych pozycji i akrobacji – dla przykładu stania na głowie – uważają zajęcia za nudne". Pomyślałam wtedy, że może ta ciągła stymulacja nowymi bodźcami, gonitwa za atrakcjami i potrzeba ekscytacji sygnalizują, że nasz wewnętrzny system priorytetów jest postawiony na głowie.
I że najlepsze, co możemy dla siebie zrobić, to postawić go z powrotem na nogi. Na swoje własne, stabilne nogi.

Nie fizycznie!

Nie fizycznie! – najczęściej powtarzał Master Yang. – Jeśli będziecie wykonywać układ mechanicznie i siłowo, nie osiągniecie zamierzonego efektu. Wsłuchajcie się w swoje ciało, ono was poprowadzi. Ludzie myślą, że jeśli będą rozbudowywać mięśnie, to zyskają tym samym zdrowie. Niestety, „sześciopak" nie świadczy o tym, że twoje ciało jest w pełni sprawne, lecz jedynie oznacza, że rozbudowałaś mięśnie. Nie ma to wpływu na pracę narządów wewnętrznych, a to one gwarantują nam długie i witalne życie". – zaznaczał Chińczyk.

W tym systemie nie chodzi o to, by perfekcyjnie wykonać skomplikowaną pozycję, celem nie jest też rozciąganie, poprawa kondycji czy muskulatura. Zasadnicza część pracy odbywa się wewnątrz organizmu. Kluczowe jest to, aby aktywować przepływ energii życiowej – odczuwamy to wyraźnie w postaci ciepła, które rozlewa się po naszym ciele w trakcie praktyki i po niej. Jeśli zazwyczaj masz zimne kończyny (co świadczy o tym, że krew nie krąży właściwie), zdziwisz się, jak szybko się rozgrzeją. Jeśli masz problem z oddechem, wykonując poranny program, poczujesz, jak oddech stopniowo wydłuża się, pogłębia i reguluje.

Bądźcie jak ruch pędzla, gdy znaczy ślad litery w sztuce kaligrafii. Wiecie już, dlaczego mój system nazywa się Calligraphy Health.

Wolniej!

Gdy tylko przekroczyliśmy próg domu Master Yanga, usłyszałam od niego „wolniej!", słowo to stało się mottem wyjazdu. Towarzyszyło nam przy każdym treningu, na którym mistrz korygował nasze ruchy.

– Zsynchronizujcie ruchy ciała z oddechem – nakazywał. – Niech będą płynne i harmonijne. Wiecie jak tworzy się kaligrafię? Artysta powoli, precyzyjnie, z pełną koncentracją i skupieniem, jednym płynnym ruchem znaczy ślad na papierze – tłumaczył. – Taki ma być każdy wasz ruch.

Przypominam sobie o tym za każdym razem, gdy staję do praktyki. Bez względu na to, jak zabiegana jestem w ciągu dnia, gdy rozpoczynam program, zamykam oczy, biorę pięć głębokich wdechów, ustawiam stopy na szerokość bioder, swobodnie wychylam ciało do przodu i do tyłu, pozwalając mu odszukać optymalną pozycję. Odpuszczam kontrolę i godzę się na to, by prowadził mnie wewnętrzny płynny ruch. Gdy tylko uspokoję swój rozpędzony umysł, okazuje się, że moje ciało samo zwalnia. Cóż za fantastyczny stan!

Ocean Qi – sekret wojowników Shaolin

Przyglądaliśmy się, jak ciało mistrza tańczy, każdy jego ruch był pozbawiony wysiłku, miało się wrażenie, jakby przedzierał się przez rodzaj magmy. Gdy prezentował nam sztuki walki, siła i szybkość, z jaką wyprowadzał cios, budziła grozę. Któregoś dnia zdradził nam sekret mistrzów sztuk walki.

– Znajdźcie punkt w ciele, który znajduje się cztery palce poniżej pępka na głębokości dwóch palców w brzuchu. To jest Dan Tian zwany oceanem Qi. Tutaj znajduje się źródło ludzkiej energii (według systemu filozofii i medycyny chińskiej). Jeśli wyprowadzasz cios z tego punktu, zamiast z mięśni, to zyskujesz wielką moc.
To był sekret szybkości i siły Bruce'a Lee.

Każdy ruch w systemie Calligraphy Health wyprowadzany jest z tego punktu. Gdy wykonujemy skręty, rozpoczynamy od tego miejsca, a dopiero za nim podąża reszta ciała. Gdy unosimy rękę, wyobrażamy sobie, że źródło każdego ruchu znajduje się w *Dan Tian* i wraz z ruchem rozprzestrzenia się po całym ciele. Możemy poczuć lub wyobrazić sobie, że energia wypływa z tego punktu i transportowana jest wzdłuż kręgosłupa, krąg po kręgu do góry, następnie na wysokości ramion rozchodzi się wzdłuż rąk, aż dociera do środka dłoni. Podobnie rozchodzi się od punktu pod pępkiem wzdłuż nóg aż do środka stóp. Takie śledzenie energii pomoże ci skupić uwagę na każdym ruchu, wykonasz go powoli oraz precyzyjnie.

Łączymy ciało i umysł w jedno

Może cię zmartwię, lecz wolę uprzedzić na wstępie: nie da się praktykować Calligraphy Health, jednocześnie rozmyślając o tym, co ugotujesz na obiad, w co ubierzesz się do pracy lub też analizując kłótnię z mężem. Ta praktyka wymaga koncentracji, wszak chodzi o to, by w ćwiczenia angażować nie tylko ciało, ale również świadomość. Master Yang podkreśla, że jest to rodzaj medytacji w ruchu:

– Zamknijcie oczy. Przenieście uwagę do wnętrza, tam jest wasz dom. A jak czujecie się w domu? Bezpiecznie, swobodnie, pewnie. Poczujcie się tak w swoim ciele – naucza. Gdy rozpoczniesz swoją praktykę, pamiętaj o tym, aby się rozluźnić i odpuścić.

Nie koncentruj się na efekcie i na wyniku. Traktuj ćwiczenia jak „randkę z własnym ciałem", ciesz się każdą minutą kontaktu z ciałem i jego obecnością. Gdy nauczysz się na pamięć formy, korzystając z filmów instruktażowych Master Yanga, będziesz mogła coraz swobodniej wykonywać układ, skupiać się na oddechu lub na ruchu, który przypomina taniec. Obiecuję ci, że jeśli nie zrezygnujesz z treningu po pierwszych dwóch tygodniach, to każdy dzień przyniesie ci nowe doświadczenia i będzie procentował spokojniejszym i zrównoważonym umysłem.
Po miesiącu odczujesz i zobaczysz wyraźne efekty: będziesz wyciszona, poczujesz przypływ sił witalnych, wyregulujesz trawienie, skóra zmieni kolor, zredukujesz poziom stresu, wydłużysz i pogłębisz oddech.

Oddychaj jak dziecko

„Przypomnijcie sobie, jak oddycha małe dziecko" – zachęcał nas mistrz. W trakcie ćwiczeń wykonujemy pełny brzuszny oddech, który masuje narządy wewnętrzne. Na czym on polega? Podstawą jest rozluźnienie mięśni brzucha. Gdy bierzemy wdech, brzuch pompuje się jak balon, ponieważ przepona naciska na narządy. Gdy wydychamy, brzuch roluje się do wewnątrz. Celowo użyłam określenia „roluje".

Aby poczuć ten ruch, możesz wyobrazić sobie, że masz w brzuchu kulę, którą obracasz wraz z oddechem. Albo, jeśli to porównanie lepiej działa na twoją wyobraźnię: masz w brzuchu obręcz, po której przemieszcza się oddech. Wdech - brzuch się wypina, oddech znajduje się na zewnętrznej krawędzi obręczy. Wydech - brzuch się kurczy, oddech przemieszcza się po obręczy do wewnątrz brzucha.

Na początku wydaje się to skomplikowane, lecz zapewniam cię, że gdy zaczniesz wykonywać ćwiczenia, oddech sam się ureguluje i dopasuje do ruchów ciała. Gdy zaczynasz swoją praktykę, nie skupiaj się na tym nadmiernie, staraj się powtarzać za Master Yangiem sekwencję ruchów. Wyobraź sobie, że wraz z wdechem zasysasz energię przez stopy i dłonie do ciała. Następnie wszystkimi kanałami podróżuje ona przez kości, żyły, naczynia krwionośne i łączy się w formę kuli w odcinku lędźwiowym kręgosłupa, a potem wzdłuż jego rdzenia i kręgów podróżuje ku górze. Gdy kula wychodzi z ciała przez „otwór" na czubku głowy, powoduje rozciąganie kręgosłupa. Takie zabiegi wyobrażeniowe pomagają skupić uwagę i zapamiętać sekwencję ruchów.

Podsumujmy w punktach, o czym warto pamiętać:

- Celem układu jest rozciągnięcie kręgosłupa, mięśni i ścięgien oraz masaż narządów wewnętrznych i dotlenienie komórek.
- Ruch i oddech oczyszczają organizm, a jednocześnie wspomagają przepływ płynów w ciele (krew i limfa). Efektem ćwiczeń jest pobudzenie przepływu energii życiowej (Qi).
- Układ składa się z pięciu pozycji, które wykonujemy kolejno po sobie w nieprzerwanym ruchu – przypomina to taniec.
- Po każdej pozycji wykonujemy „reset". Jest to pozycja wyjściowa, która także stanowi łącznik pomiędzy pozostałymi pozycjami. Jej celem jest przywrócenie ciała do harmonii i równowagi i zamknięcie obiegu energii poprzedniego ćwiczenia.
- W ćwiczenia angażujemy nie tylko ciało, ale również naszą uwagę. Skupiamy umysł na oddechu lub też wizualizujemy przepływ energii w ciele.
- Niech twój oddech będzie głęboki, powolny i brzuszny. Jednak nie stresuj się nim nadmiernie. Na początku skoncentruj się na formie, a właściwy oddech z czasem przyjdzie w naturalny sposób.
- Pamiętaj, że źródło każdego ruchu znajduje się punkcie ulokowanym w odległości czterech palców pod pępkiem i dwóch palców w głąb brzucha, czyli w Dan Tian, to od niego zaczyna się każdy ruch.

Poprawna pozycja ciała w trakcie ćwiczeń:

- Stań w lekkim rozkroku – stopy powinny być ustawione na szerokość bioder.
- Ciężar ciała przenieś na stopy, twoje ciało powinno być rozluźnione.
- Pozwól, by twoje ciało w sposób swobodny znalazło wewnętrzną oś, która przebiega prostopadle do ziemi. W tym celu możesz swobodnie wychylić ciało do przodu i do tyłu, aż samo znajdzie optymalną pozycję.
- Kolana nie wychodzą poza czubki palców, i sprężynują leciutko, jakbyś siedziała na dużej piłce.
- Pamiętaj, by kość ogonowa była opuszczona, a kość łonowa uniesiona (nie rób tzw. kaczuszki!).

Qi-Gong I

Double eal swimming

Sekwencja pozycji

RESET

Single eil Swimming

Qi-Gong II

O bestsellerowej serii książek
Egoizm to
nie
Grzech!
Odżywianie
dla zdrowia

Egoizm to nie grzech! Kurs na miłość

W pierwszej książce z serii „Egoizm to nie grzech", którą napisałam jeszcze z Tomkiem, przedstawiamy podstawy pozytywnego egoizmu i poszczególne przystanki na ścieżce, która do niego prowadzi, takie jak odwaga, miłość, wolność, autentyczna obecność, poczucie odpowiedzialności za swoje życie, akceptacja, otwartość, świadomość emocjonalna. Dajemy wskazówki, jak obrać właściwy kurs w życiu, czyli „kurs na miłość".

Egoizm to nie grzech! Pokochaj swój umysł

W drugiej książce z serii: *Pokochaj swój umysł*, wraz z buddyjskim nauczycielem Marcinem Wąsikiem wnikamy w to, jak funkcjonuje umysł, i dajemy wskazówki, jak z nim pracować. Na jej kartach demaskujemy ograniczające przekonania i schematy myślowe, które osłabiają nasz układ odpornościowy, zabierają życiową energię, ograniczają potencjał, słowem: są źródłem naszego nieszczęścia. Prezentujemy nowe, świeże spojrzenie na życie – jak zamiast walczyć z sobą samym, swoimi myślami czy emocjami, zaprzyjaźnić się z nimi, uczynić z nich swoich sprzymierzeńców.

Egoizm to nie grzech! Pokochaj swoje ciało

W trzeciej części pomogę ci nawiązać łączność z ciałem, zbudować dobre nawyki, dzięki którym będziesz wspierać organizm w jego pracy, oczyścisz się z toksyn i uwolnisz ciało z blokad. Poznasz tajemnicę długowieczności i nauczysz się uszczęśliwiać swoje komórki.

Mój rytuał wdzięczności, czyli dziękuję Wam, Kochani!

Antoninie Pandzie Dolani, która wykonała absolutnie fantastyczne zdjęcia do tej książki. Kochana, gdyby nie Twoje oko i syndrom „skaczącego palca", ludzie nie ujrzeliby wielu urzekających aspektów rzeczywistości, a także moich nóg... Uwielbiam Cię!

Ewelinie Skalik-Kazulak, która mnie malowała, ubierała i ratowała w kryzysowych sytuacjach podczas tego gigantycznego projektu! Dziękuję za cierpliwość, kreatywność i koszule Twojego męża, które okazały się podstawą moich stylizacji. Czy Andrzej wie o tym, że jego garderoba świetnie nadaje się dla kobiet?

Katarzynie Kuhn, która dyskutowała ze mną godzinami, omawiając przepisy i kluczowe dla tej książki kwestie. Kasiu, dziękuję Ci za ogrom mądrości i zrozumienia procesów, jakimi rządzi się ludzkie ciało. Jesteś absolutną skarbnicą wiedzy i doświadczenia! Dziękuję też za cenne wskazówki w przełomowym momencie i nowe zrozumienie słów Lamy Ole: „Będziesz pracować jeszcze ciężej i jeszcze więcej".

Master Yangowi, który dał mi cenne i wartościowe narzędzie, dzięki czemu mogę żyć w zdrowiu. Mój pobyt w Australii to punkt zwrotny na mapie życia. Dziękuję za poranki na tarasie w Gold Coast, wspólny wypad do Kasyna, taniec boso na uliczce Byron Bay przy dźwiękach saksofonu, chińskie obiady i wieczorne dyskusje.

do zobaczenia na f /ProjektEgoistka i na moich warsztatach

→

Pawłowi Worchowi, który postanowił, że nie odpuści, choć wszystkie znaki na niebie mówiły co innego. Dziękuję za jabłonkę i hamak, dzięki którym zebrałam energię, by dokończyć tę książkę. Dziękuję za Twoją uzdrawiającą obecność. Prawdziwych przyjaciół poznajemy po tym, że trwają przy nas nawet wtedy, gdy tego nie chcemy.

Markowi Klimkowi, który złożył ze mną tę książkę i wykazał się przy tym niezłomnością godną wojownika. „Nocny marek" – to określenie chyba do Ciebie pasuje? Dzięki za cierpliwość i wyrozumiałość dla moich kaprysów, pomysłów i koncepcji.

Mojej ukochanej mamie, tacie i siostrze, którzy szaleli ze mną w kuchni, gdy powstawały przepisy do tej książki. Z dumą oświadczam, że w tym przypadku stwierdzenie „gdzie kucharek sześć..." nie sprawdziło się!

Tomkowi, który nauczył mnie więcej, niż mogłabym pragnąć. Najtrudniejsze lekcje dzięki niemu były zaskakująco proste i prawdziwe. Dziękuję. Kocham.

W szczególności zaś Lamie OIe Nydahl, dzięki któremu nawiązałam kontakt z własnym potencjałem i mogę realizować się na ścieżce bodhisattwy.